당신을 향한
좋아요 그리고 구독

김 금 래

작가의 말

《한국4-H신문》에 기고했던
<착한 나들이>를 책으로 묶게 되어 한없이 설렙니다.
매달 1편씩 12번을 쓰고 고개 들면
새해였습니다.
사람들 만나고 사진 찍고 많은 생각을 하며
길 위에서 9년을 살았습니다.
책 속엔 수많은 사람들이 삽니다
그들 속에 우리가 존재합니다.
너와 내가 하나 되는 세상!
이렇게 행복한 나들이는 없을 것입니다.
내가 만난 사람들의 사랑을 당신께 바칩니다.
밥처럼 따스한 동시도 지어 놓았습니다.
나는 사람의 아름다움을 보려고 세상에 왔습니다.
기계 문명의 시대, 고개 숙인 그대 뒷모습을 향해
사랑을 담아
좋아요 그리고 구독을 눌러 드립니다.

2022.10.

김금래

■ 차 례

1부 좋아요 그리고 구독

카스피해와 백만 송이 장미	17
말라가는 것들의 맛	20
올레길에서 만난 구두	23
매일 자유를 느끼며 사는 사람	26
진주의 시간	29
저울이 다른 사람들	32
좋아요 그리고 구독	35
신을 이긴 남자	37
우리는 보이는 것만 본다	39
그래서 우리는 행복한가	41
봄은 보라고 온다	44
어느 운전기사의 행복 비결	46
잘 산다는 것	49
혼자라고 생각 말기	51
죽음 너머를 보다	53
고향은 변하지 않는다	56
목포에서 만난 파랑새	58
내가 만난 사람들의 사랑	60
강화 교동시장에서 만난 시	62
새해, 무엇을 세며 살까	64
아름다운 전 재산	66
죽지 않는 사람들	68

2부 사람에게로 가는 길

끝없는 이야기	70
기쁘지도 슬프지도 않은 인생	72
올림픽, 더 나은 세상을 향하여	75
남을 신뢰하는 법	78
은숙이	80
'새' 봄	82
잘린 도라지	85
쓰레기에 뜬 별	88
섬진강의 봄	91
노을빛 치마, 하피첩을 만나다	94
그녀가 나에게 준 것	96
텅 빈 방이 웃었다	98
포탄에 꽃을 꽂아주다	100
개나리 피는 응봉산	102
망우리 공원의 비문	104
사람에게로 가는 길	109
살아있어 천만다행	112
따뜻한 골목, 그 기억 속으로	115
모란카페에서 만난 그녀	118
홀로 떠나는 여행	120
달을 향해 손을 모으다	122
넌 누굴 찾아왔니?	124
내가 나를 만나다	126

3부 표류의 반전

저마다의 감옥	128
폼페이 사람들	130
산에 뜨는 감일출	132
음악이 없다면	134
앨범 속 남자	136
누군가의 목숨으로 산다	138
꽃차의 추억	140
막힐수록 시원한 피서	142
내가 만난 의자	144
하수와 고수	146
정류장을 지나 렛잇고(let it go)	148
언니의 사랑	150
내 사랑 한강	152
행복저장노트	154
살리는 생각	156
웃어요 당신	159
고생 속에 들어있는 것들	162
표류의 반전	166
나 좀 봐주세요	169
해피엔딩	172
세상에서 가장 소중한 것	175
산다는 의미	178

4부 초코파이와 기타

코로나19의 기적	180
말 시키지 마세요	182
이 세상 맛이 아닌 맛	184
남는 장사	186
제주도에 담긴 사람들	189
잠자리가 놀다 간 골목	192
생각의 길	194
숙제를 끝낸 바다	196
초코파이와 기타	200
Coming Home	202
천하무적 진달래	204
월출산 통천문	207
다시 그녀를 만나다	210
보물이 된 사람	212
공예박물관에서 실눈을 뜨다	214
내 인생 자랑스러운 일	216
뒷모습, 가깝고도 먼 타인	218
수표교에서 만난 사랑	220
생각의 길이	223
세상에 공짜는 있다	225
세상에서 가장 맛난 통닭집 사장님	228

1부

좋아요 그리고 구독

카스피해와 백만 송이 장미

조지아 주립대학과의 문화예술 교류를 위해 비행기에 몸을 실었다. 조지아는 흑해와 카스피해 사이에 있는 작은 나라다. 바다냐 호수냐로 논쟁이 끊이지 않는 카스피해가 궁금해 지도를 보다 알게 된 나라가 조지아다.

카스피해의 비극은 세계 3위의 석유 매장량 때문이다. 호수라면 주변국이 지하자원을 공평하게 나누게 되지만 바다라면 육지에서 12해리까지 자국 영해로 인정되기에 이해관계가 달라지는 것이다. 카스피해는 2018년 '특수한 바다'로 규정되었지만 유전 탐사 개발에 참여한 미국과 영국 등 우리나라를 포함한 관련 국가들의 이권 개입으로 바람 잘 날이 없다.

내가 카스피해를 본 건 비행기에서였다. 누군가 "카스피해다!"라고 소리쳐 내려다보니 흰빛의 해안선이 날개를 편 듯 눈부셨다. 그것은 인간의 욕심으로 얼룩진 바다가 아니었다. 태곳적 그대로 지구를 품어 안은 어머니였다. 6,000만 년 전, 대서양 태평양과 이어지던 카스피해! 한없이 작아진 나는 무한히 넓고 유구한 존재에 압도당했다. 울컥! 벅찬 감동이 밀려왔다. 이 광경을 볼 수 있는 눈이 있어 행복했다. 콩팥 하나만 기증해도 평생 은인인데 눈 코 입 귀에, 팔다리 오장육부를 주신 부모님이 생각났다. 부모님 덕에 먹고 자고 여행을 하지만 당연한 줄 알았다. 바다에 무한한 빚을 지고도 석유마저 달라고 아우성치는 인간처럼. 내가 세상에 온 건 기적이었다. 방언이 터지듯 나는 비행기 창에 이마를 대고 울었다.

니코 피로스마니는 조지아에서 가장 사랑받는 국민 화가다. 가난했던 그는 공연 온 프랑스 여배우 마르가리타를 사랑해 집과 그림을 팔고 나중엔 피까지 팔아 날마다 꽃을 바쳤다고 한다. 그녀의 집과 뜰은 물론 거리까지 장미 향기가 흘러넘쳤지만 결국 여자는 떠나고 화가는 영양실조로 죽는다. 그가 그린 그녀는 조지아 시그나기 박물관에 있다.

그녀는 90이 되어서야 전시회를 찾아와 뜨거운 눈물을 흘렸다고 한다. 이 사연을 배경으로 만든 노래가 '백만 송이 장미'다.

심수봉은 노래한다. 사랑을 할 때 꽃은 핀다고! 그러나 사랑은 받아들일 때 피는지도 모른다. 천만번 사랑해도 상대가 깨닫지 못하면 꽃은 피지 않을 테니까. 뒤늦은 나의 눈물로 먼 나라 부모님 뜰에 장미 한 송이 피어나길 빈다.

말라가는 것들의 맛

200년 전통의 동해 북평 5일장에 들렀다. 이곳은 일상생활에 필요한 모든 것들로 넘쳐났다. 나는 메밀전과 삼천 원짜리 국수를 먹고 물건 구경, 사람 구경, 사투리 구경이 쏠쏠한 시장을 돌아다녔다.

유난히 눈에 띄는 건 말라가는 것들이었다. 줄에 꿰어진 가오리가 구도자처럼 매달려 있고 바닥에 쌓아놓은 시래기도 세월의 마른 향내를 풍기고 있었다. 제 살이 깎이고 적당히 마른 곶감의 발그레한 빛깔은 신비할 정도로 맑고 투명했다. 감이 어찌 이리 기품 있게 변할 수 있을까?

말린 것들의 영양과 맛은 날것과는 비교가 안 된다. 생선은 마르는 과정에서 비린내가 사라지고 육질도 탄탄해져 맛이 깊어진다. 시래기는 암세포 증식을 억제하고 골다공증을 예방하며, 곶감은 떫은맛을 버리고 홍시보다 비타민 A가 7배나 증가한다고 한다. 잘 말라간다는 건 남을 이롭게 하는 일이다.

네팔에서 온 모헌이란 친구가 있다. 그는 안산의 모 금형회사에 다니는데 놀라운 이야기를 해주었다. 사장은 늘 강조한단다. "나는 늙었으니 욕심을 비우고 여러분과 나누며 살 것이다." 그는 수입의 대부분을 직원 복지를 위해 쓴단다.

국내 노동자나 해외 노동자의 임금에 차등이 없으며 작업장에서는 서로 존댓말을 쓰게 해 거친 말투가 사라졌다고 한다. 미혼은 기숙사에서 살고 결혼하면 사택을 주는데 부인과 함께 온 모헌은 뜻밖에 집이 생겨 감동했다고 했다. 네팔 대지진 때는 네팔 근로자 전원에게 백오십만 원씩 주며 고향 집에 피해가 있으면 복구하고 아니면 이웃을 도와주라고 했단다. 나는 사장님을 취재하려 했지만 그는 원치 않았다. 그의 목소리엔 바람과 햇볕에 말라간 것들의 깊은 맛이 느껴졌다.

나는 건나물 시장을 돌아보며 어머니를 떠올렸다. 익는 것보다 중요한 건 잘 말라가는 것이다.

진달래

아직은 춥다고

산허리에 분홍 담요
덮어주었습니다

올레길에서 만난 구두

나는 왜 걷는가? 그건 살아있기 때문이다. 이른 아침 제주 올레길 1코스로 들어서자 긴 돌담이 보였다. 까만 돌담 위, 누군가 올려놓은 등산화 한 켤레! 신발 위로 분홍빛 햇살이 몰려와 종달새처럼 재재거리고 있었다. 신발은 어디를 다녀왔는지 앞은 해지고 바닥은 찢어져 있었다.

신발-하면, 마하트마 간디의 일화를 그린 '다른 한 짝(The other pair)'이

23

떠오른다. 영화가 시작되면 기차역이 보이고 거지 같은 아이가 슬리퍼를 끌며 등장한다. 카메라가 가난에 찌든 아이 얼굴에서 발로 내려가는 순간 슬리퍼 끈이 끊어진다. 아이는 주저앉아 끈을 이어보려 안간힘을 쓰지만 허사가 된다. 한 걸음도 걸을 수 없는 아이! 아이는 슬픈 눈으로 멍하니 지나가는 사람들을 바라본다. 그러던 아이 눈이 반짝 빛난다. 어떤 소년이 신고 가는 구두를 본 것이다. 구두는 반짝반짝 빛나는 가죽 구두였다. 맨발의 아이는 자석에 끌리듯 그 구두를 따라간다.

구두를 신은 소년은 걷다가도, 아빠랑 의자에 앉아서도 수건으로 구두를 닦는다. 화면 가득 클로즈업되는 구두를 꿈꾸듯 바라보는 맨발의 아이. 그때 기차가 들어온다. 많은 사람들이 기차를 향해 달려가고 소년과 아빠도 그 틈에 섞인다. 아우성치던 사람들이 모두 기차에 오르고 나서야 아이는 보았다. 바닥에 떨어져 있는 구두 한 짝과 기차에 매달려 어쩔 줄 모르는 소년을.

기차가 움직이기 시작하자 아이는 구두를 집어 들고 기차를 따라 달린다. 온 힘을 다해 달리는 아이! 그러나 기차가 점점 멀어지자 아이는 소년을 향해 힘껏 구두를 던진다. 그러나 구두는 철길 옆에 떨어지고 만다. 순간 소년은 신고 있던 한 짝을 벗어 아이에게 던져준다.

미국 애틀랜타주(州)에 있는 사립대 모어하우스 칼리지에서 졸업식 축사를 하던 흑인 억만장자가 졸업생의 학자금 대출을 모두 갚아주겠다고 선언한다. 졸업생은 430여 명으로 대출금은 약 477억 원! 학생들은 어리둥절해하다 이내 환호성을 지르며 눈물을 흘린다. 한 명당 대출금은 일억 원 정도.

앞으로 나아가려면 신발이 필요하다. 소년이 던져준 구두는 가난한 아이의 빛나는 걸음이 되고 억만장자의 학자금은 학생들의 든든한 신발이 되었을 것이다.

나는 올레길에서 만난 구두 앞에서 엄마를 떠올렸다. 그녀도 내가 신고 온 오래되고 낡은 구두였다.

매일 자유를 느끼며
사는 사람

목포에서 3시간 배를 타고 가면 꿈꾸듯 나타나는 섬이 있다. 전남 신안군의 동소우이도! 그곳에 친구가 집을 샀다고 연락이 와 찾아갔다.

섬 주민은 친구 부부를 빼면 노인 6명이 전부. 친구가 산 집은 폐교를 수리한 집과 통유리로 바다가 보이는 집이었다. 집 구경을 하고 나자 친구는 책 한 권을 건넸다. 고인이 된 이 집 주인 할아버지의 수필집이었다.

책에는 페이지마다 심장 뛰는 소리가 들렸다. 그는 나이 쉰여섯에 직장을 접고 이 섬에 온 꿈의 개척자였다. 그는 '죽도'라는 무인도에 야생 동물을 풀어놓았다. 그의 꿈은 울창한 숲에 온갖 새와 짐승이 뛰노는 원시림을 만드는 것! 그러나 섬의 환경은 열악했다. 칠면조와 호로 새와 실오리는 한 계절도 버티지 못해 굶어 죽었고 꿩과 공작새는 겨우 연명만 할 뿐 생산을 못 했다. 사슴은 예상 외로 숫자가 늘어나 우여곡절 끝에 포수를 동원해 섬멸해야만 했다. 그의 방엔 뿔 달린 사슴 목이 걸려있다.

어렵게 배에 싣고 와 심은 종려나무, 노각나무, 메타세콰이어, 황칠나무 등도 사라졌다. 뿐만 아니라 손수 지은 원두막은 5년이 지나자 마루판이 썩어갔다. 엔진 고장으로 밤바다를 떠다니던 일, 선착장 모서리에 가슴뼈가 부러지던 일, 서툰 낫질로 손가락 절반이 날아갈 뻔했던 일, 주민에게 배척당하던 일, 날벼락 같은 간암 수술과 종양 재발로 서울을 오르내리며 11번의 시술을 받은 일 등 그의 삶은 시행착오의 연속이었다. 그러나 그는 한결같이 가슴 뛰는 일에 도전했다.

그는 죽음도 스스로 선택했다. 미리 유산과 장례 절차를 적어 아내와 자식에게 확인받았다. 그리고 죽을 적기라고 생각했을 때 일체의 치료와 음식을 거부하기 시작했다. 그건 또 다른 도전이었다.

그는 암과 싸우면서도 통유리로 바다가 보이는 집을 지어 마지막 꿈을 완성했다. 사람들이 물질의 노예로 살아갈 때 섬으로 온 사람. 무인도에 새와 사슴을 풀어 놓았던 사람. 젊은 시절 오대양을 보기 위해 해양대학을 선택했고 지극히 아내를 사랑했던 사람. 그는 자유인이었다. 그가 남긴 글이다.

"나에게 자유는 궁극적으로 내 영혼과 자연의 합일이다. 수평선에 뜨고 지는 해와 광년을 건너온 밤하늘의 별들을 바라보면 그 장엄함에 옷깃을 여미지 않을 수 없다. 그것이 내가 매일 새벽, 매일 저녁, 매일 밤 느끼는 자유다."

폭포

절벽에서
거꾸로 떨어져 봤니?

바닥을 치며
울어 봤니?

울면서
부서져 봤니?

부서지며
나비처럼 날아올라

무지개를
만들어 봤니?

진주의 시간

이번 추석은 생애 최고의 명절이었다. 아들이 강원도 속초에 한달살이 아파트를 얻어 놓고 초대한 것이다. 나는 아들과 설악산을 오르며 속으로 울었다. 아들이 산에 오르는 건 기적이었다.

아들은 대학을 졸업하고 친구랑 회사를 설립, 영업 파트를 담당했다. 늦은 밤까지 일하느라 아예 회사에서 살았다. 매일 이천 통 넘는 전화를 받았고 주말도 명절도 없었다. 사업은 나날이 바빠져 중요한 가족 행사에도 아들은 없었다. 그로부터 7년, 3명이었던 직원이 200명 넘게 늘어났으며 대기업의 투자를 받게 되어 상당한 지분도 생겼다.

그러나 아들의 몸은 처참했다. 천식으로 자주 응급실에 실려 가고 중환자실에 의식 없이 누워있기도 했다. 치과 갈 시간이 없어 앞니가 빠진 채 살았으며 밤늦은 폭식으로 체중이 불어 배는 만삭이었다. 탄산음료 중독에 담배는 하루 두 갑! 응급차 사이렌 소리만 들어도 내 가슴은 무너졌다. 내 소원은 오직 아들과 산에 오르는 것! 천식으로 걷기도 힘든 아들이 산에 오른다면 뭘 더 바라겠는가!

그러던 중 반전이 일어났다. 아들이 회사를 그만두고 더 중요한 사업에 돌입한 것이다. 자신 돌보기! 치과에서 앞니를 해 넣고 라식수술로 안경을 벗었으며 외국 가려고 제일 먼저 백신을 맞았고 병원에 입원해 담배를 끊었다. 그리고 단식과 운동으로 38킬로를 뺐다. 셔츠를 청바지 속으로 넣어 입던 날 아들은 기념사진을 찍었으며 5시간 만에 오른 설악산 대청봉에서 혼자 울었다. 현재 그의 건강 검진표는 완벽하다.

지금 아들은 마라톤에 도전하려고 매일 달리기를 한다. 단양에서 패러글라이딩을, 속초 바다에서 서핑을 배우며 버킷리스트를 하나씩 지우고 있다. 그동안 걱정만 끼쳐 미안하다는 아들! 아들과 추석날 설악산 울산바위에 선 행복한 엄마는 몇이나 될까.

110킬로가 72킬로가 되기까지, 담배를 끊고 설악산 정상에 서기까지 그에겐 목숨 건 3개월이 있었다. 운동 중 숨이 막혀 쓰러져도 결코 포기하지 않았다. 기적은 긴 시간을 필요로 하지 않는다.

36년 동안 패배를 거듭했던 소련 농구팀이 절대 강국인 미국 팀을 이기겠다고 폭탄선언을 한 후 뮌헨올림픽에서 필사적인 대결을 벌인다. 경기 종료 3초 전, 1점 차로 미국이 승리하자 소련 감독은 작전타임을 신청한다. 그러나 심판이 미국의 우승으로 경기를 종료시키자 소련 측은 필사적인 항의로 3초를 얻어낸다. 과연 결과가 바뀌었을까? 그렇다! 소련이 길게 던진 공이 골로 이어져 50대 52로 역전된 것. "3초면 역전하기에 충분한 시간이야." 소련 감독의 명언이다.

빈 조개껍데기를 던지며 엄마가 한 말이 있다. "쯧쯧 야는 속에 아무것도 없구나!" 어떤 이의 인생 속엔 3초가, 아들 인생 속엔 진주로 빛나는 3개월이 들어있다.

저울이 다른 사람들

12월이다. 자선냄비 앞에서 나를 돌아보는 시간! 사람은 두 개의 저울로 산다. 줄 때는 많이 준 것 같고 받을 때는 조금인 저울. 그러나 가끔은 주는 저울만 가진 사람이 있다.

송년회에서 친구 하나가 속을 털어놓았다. 동생 명의로 아파트를 샀다 팔았는데 동생이 법대로 하라며 2억을 제하고 돈을 보내왔단다. 믿었던 친동생이 돌변하자 친구는 새로 산 집에 잔금도 못 치르고 입원해 있었다고 한다.

다른 친구의 사정은 반대였다. 그 친구에겐 게으른 오빠가 있었다. 아이 셋을 데리고 전세를 전전하다 길에 나앉게 되자 친구는 모아두었던 1억과 대출금으로 부산에 아파트를 사서 오빠를 살게 해주었단다. 10년이 지나 대출금을 갚고 나니 남편은 아예 오빠에게 집을 주자고 한단다. 오빠에게 왜 집을 주느냐고, 공부도 잘해야 장학금 주는 게 아니냐는 친구 반박에 남편은 '공부 못해 주는 장학금'을 만들어보자고 하더란다. 그리고 다음엔 아픈 처제에게 '힘 나는 장학금'을 주는 게 어떻겠느냐고.

밖으로 나오자 눈이 내렸다. 함박눈이었다. 하늘 가득 쏟아지는 눈송이가 사탕이라면 얼마나 환상적일까? 가끔은 환상도 실화가 된다.

2차 세계대전 후 베를린의 물자 운송 기지였던 템펠호프 공항의 철조망엔 날마다 굶주린 아이들이 달라붙어 있었다. 당시 게일 헬버슨이라는 미공군 조종사가 한 아이에게 껌 두 개를 건넨다. 그러자 아이는 껌을 조각조각 나누어 30명의 아이들과 나누어 먹는다. 순간 아이들은 천사처럼 웃었다. 그걸 본 조종사는 사비를 털어 캔디와 초콜릿을 포장한다. 그리고 다음날 비행기를 향해 달려오는 아이들 머리 위에 뿌려준다. 이 일이 계속되자 동료 조종사와 미국 시민들도 참여해 7개월 동안 2만 3천 톤에 달하는 캔디 폭탄이 함박눈처럼 쏟아져 내린다.

그 후 79세가 된 조종사는 베를린 공수 50주년 초청으로 독일에 간다. 그 자리엔 캔디를 향해 달려오던 수천 명의 아이들이 있었다. 그들은 캔디의 힘으로 어른이 되었다고 눈물을 흘린다.

이 세상엔 '어른이 되게 해주는 캔디'가 있고 '껌을 30조각으로 나누는 아이'가 있고 '공부 못해서 주는 장학금'이 있다. 저울이 다른 사람들이 있어 세상은 아름다운 쪽으로 기운다.

고추잠자리

어디에 앉을까
고추잠자리

뱅뱅 돌다
뱅뱅 돌다

부러진
싸리나무 가지 끝에
앉았습니다

아픈 가지에
빨간 잠자리꽃
피었습니다

좋아오 그리고 구독

 올겨울 가장 추운 날이었다. 마트에 갔더니 종업원이 바뀌어 있었다. 사람은 많은데 계산이 서툴러 한참을 기다려야 했다.
 그런데 저녁 먹은 후 영수증을 보니 남편의 담배 4갑이 2갑으로 찍혀있는 게 아닌가. 이 일을 어쩐다? 마트로 가려니 날은 어둡고 칼바람이 불어 귀찮은 생각이 밀려왔다. 그러나 그녀가 돈을 채워야 한다는 걱정에 옷을 갈아입고 집을 나섰다. 문을 여니 사장이 그녀에게 잔소리를

하고 있었다. 나는 일부러 매장을 돌다 사장이 안 볼 때 재빨리 계산서랑 돈을 내밀었다. "담배 4갑 가져갔는데 2갑으로 찍혀있네요." 그녀의 눈빛이 허둥대는 사이 밖으로 나왔다.

 집으로 가다 말고 길 건너 서울숲으로 갔다. 한강이 꽁꽁 얼었다는 핑계로 며칠이나 운동을 안 해서였다. 숲은 인기척 하나 없었다. 누가 이렇게 추운 밤 공원에 오겠는가. 그런데 꿈결처럼 피아노 소리가 들려왔다. 도대체 누구일까? 나는 끌리듯 그곳으로 갔다. 장갑 낀 여인이 피아노를 치고 있었다. 가로등 아래 자전거가 세워져 있고 악보까지 펴놓은 걸 보니 연습하러 온 게 분명했다. 얼마나 간절했으면 이런 엄동설한에 공원으로 온 걸까?

 어떤 시인은 데이트 첫날, 애인이 후광에 싸여 자기에게로 걸어오더란다. 그래서 눈멀어 결혼을 했다고. 그땐 웃고 말았지만 그녀도 달무리 같은 빛에 둘러싸인 듯했다. 그녀는 내가 보는 것도, 추위도 못 느끼고 있었다. 오직 몰아의 상태로 피아노에 매달려 있는 그녀! 그녀는 피아노를 가진 나보다 행복해 보였다. 몰입의 순간으로 행복을 잰다면 그녀는 부자 반열에 오를 것이다.

 그녀는 틀린 곳을 반복해서 치고 있었다. 연주도 인생처럼 넘어진 곳에서 다시 넘어진다. 그러나 그녀는 몇 번이고 일어났다. 아주 즐겁게!

 출근 첫날 쩔쩔매던 점원도, 겨울 공원에서 피아노 치던 여인도 훗날 오늘을 돌아볼 것이다. 오늘 속엔 틀린 계산이나 연주를 바로잡을 수 있는 기회가 들어있다. 나는 잠들기 전 두 여인에게 '좋아요' 그리고 '구독'을 눌러주었다.

신을 이긴 남자

　반쯤 쓰러지다 가까스로 멈춘 소나무를 보았다. 뿌리가 커다란 바위를 휘감고 있었다. 일촉즉발의 순간, 나무는 비명을 지르며 뿌리로 바위를 붙들었을 것이다. 뿌리는 바위 속을 파고 들어가 있었다.

　야곱은 원래 이익을 위해서는 물불을 가리지 않는 사람이었다. 형의 장자권을 가로채다 삼촌 집으로 쫓겨 간 후 삼촌 딸들과 결혼을 하고 또다시 삼촌의 재산을 빼돌리다 쫓겨 다닌다. 우여곡절 끝에 거부가 된

야곱은 재산을 수레에 싣고 고향으로 향한다. 그러나 고향에는 자신을 죽이려는 형이 있었다. 야곱은 살기 위해 종들과 예물, 첩들을 차례로 형에게 보낸다. 마지막으로 가장 사랑하는 애첩과 아들 요셉까지 보낸 후 홀로 남아 죽음의 공포에 떨게 된다.

 그날 밤 야곱은 기도 중에 천사를 만난다. 야곱은 천사를 붙들고 살려 달라 밤새 씨름하다 새벽을 맞는다. 닭이 울자 돌아가려는 천사를 야곱은 죽을힘을 다해 붙들고 놓아주지 않는다. 그러자 천사는 야곱의 환도뼈를 내리쳐 부러뜨린다. 야곱은 절뚝거리면서도 요지부동, 끝까지 붙들고 매달리자 천사가 말한다. "내가 졌다. 넌 하느님하고 싸워 이겼다." 신도 살겠다는 놈에게는 어쩔 수가 없는 모양이다.

 세상에 또 다른 야곱은 많다. 전철 안이었다. 꽈당! 소리가 나서 돌아보니 남자의 머리가 내 발아래 있었다. 그는 구걸하는 사람이었는데 그대로 정신을 잃은 듯했다. 학생이 구조 벨을 누르려 하자 그는 눈을 뜨더니 결사적으로 손을 저었다. 겨우 몸을 일으킨 그에게 여기저기 흩어진 종이와 지팡이를 손에 쥐어 주었다. 다행히 머리에서 피는 흐르지 않았다. 나는 급히 돈을 털어 그에게 주었다. 다리를 질질 끄는 뒷모습에선 죽음의 공포가 느껴졌다. 그렇게 머리를 부딪쳐 어찌 무사할 것인가? 별일 없기를 빌고 있을 때, 한 남자가 지나며 말했다. "여기서 또 한바탕했군!"

 살기 위해 날마다 죽어라 머리를 박는 남자. 나를 속이고 내 돈을 가져간 남자. 나무는 쓰러지며 바위를 붙들어 살고 그 남자는 나같이 어리석은 사람을 붙들고 산다.

우리는 보이는 것만 본다

내가 아는 농부 시인은 해마다 7월이면 지인들을 초대한다. 명목은 감자 캐기! 올해도 우리는 경기도 광교에 있는 농장으로 몰려갔다. 밤꽃 향기 자욱한 농장은 평화로웠다. 호박과 오이는 줄기에 매달려 젖을 빨고 수박은 바닥에 배를 깔고 뒹굴 듯했다.

농장을 둘러본 뒤 감자밭으로 갔다. 푸른 잎들로 덮여있는 감자밭! 조심스레 흙을 파헤치자 줄기에 감자들이 줄줄이 매달려 나왔다. 느닷없이 끌려 나와 얼떨떨해하는 감자들!

서울로 전학 온 나를 아이들은 감자바우라고 놀렸다. 내 사투리에선 흙냄새가 났고 서울 아이들에게선 우유향이 퍼졌다. 내 얼굴은 검고 서울 아이들은 희었다. 고향 친구들은 나를 부러워했지만 나는 혼자였다.

은총의 종소리가 들리는 밀레의 〈만종〉을 보며 비명을 지른 이는 누굴까? 그는 20세기 최고의 예술가 살바도르 달리(Salvador Dali)다. 어린 시절 부모님과 루브르박물관에서 〈만종〉을 본 달리는 부부의 발아래 놓인 감자 바구니가 아기의 관이라고 주장했다. 달리는 불안감에 시달렸고 나중에 『밀레의 만종의 비극적 신화』라는 책을 써 새로운 해석을 내놓았지만 믿는 사람은 아무도 없었다.

그로부터 수십 년 후, 달리의 투시력은 사실로 밝혀진다. 프랑스 루브르박물관이 〈만종〉을 적외선으로 촬영한 결과 감자 바구니가 초벌 그림에선 죽은 아기의 관이었다는 것이다. 굶어 숨진 아기를 묻기 전 기도하는 모습을 그렸으나 주위의 권유로 수정했다는 사실도 밝혀졌다.

보이는 것과 진실은 다르다. 달리는 어떻게 진실을 알아냈을까? 내가 〈만종〉을 보며 석양에 심취할 때 그는 피로 물든 하늘을 보았고 내가 기도하는 부부를 보며 감상에 젖을 때 그는 감자 바구니를 투시했다.

나는 이제 만종을 볼 땐 감자 바구니부터 본다. 그리고 아기를 묻고 돌아가는 부부의 긴긴 그림자를 떠올린다.

그래서 우리는 행복한가

커피숍에 들어서자 종업원이 한쪽 방향을 가리켰다. 유리 박스 안에 팔 하나가 전부인 로봇이 있었다. 나는 로봇의 눈치를 살폈다.

번호를 누르자 입력된 매뉴얼대로 긴 팔이 움직였다. 연한 커피를 부탁할 수도, 한 번에 네 잔을 주문할 수도 없었다. 계산도 카드만 가능했다. 더듬거리며 커피 세 잔을 받아들었지만 나머지 한 잔은 20분 후에나 마실 수 있었다. 에러가 난 것이다.

인류의 역사는 농업, 산업, 과학혁명으로 끊임없는 변화를 이어왔다. 그러나 혁명이 인간을 행복하게 하는가에 대한 성찰은 늘 미진하다. 로봇은 점점 영리해져 커피를 연하게 타주고 농담도 건넬 것이다. 영국의 AI전문가 데이비드 레비는 2050년이면 인간과 로봇의 결혼이 일반적인 현상이 될 거라고 예상했다.

그러나 인간과 로봇은 다르다. 알파고의 바둑 능력은 인간을 뛰어넘지만 바둑에 대한 애정이나 승리의 기쁨, 패배에 대한 불안은 없다고 한다.

타이타닉호 참사에서 살아남은 래히틀러 씨의 회고록을 읽었다. 일등석에 타고 있던 메이시스 백화점 주인 부부는 첫 번째로 구명정에 탈 수 있었지만 침몰하는 배에 남는다. 남편이 여자와 아이들에게 자리를 양보하자 아내도 남편 곁을 지킨다. "당신이 어딜 가든 그곳이 어디든 나도 함께합니다." 그리고 자신의 자리에 하녀를 앉히고 모피코트를 벗어준다. "사랑하는 우리 딸 추우니 이걸 입으렴. 나는 이제 옷이 필요하지 않을 것 같구나." 훗날 하녀였던 엘렌 버드는 그와 같은 일은 사랑과 헌신이라는 말밖에 달리 표현할 길이 없다고 했다.

스미스 부인은 이렇게 회고했다. "당시 제 두 아이가 구명보트에 오르자, 만석이 돼서 제 자리는 없었습니다. 이때 한 여인이 일어서며 저를 구명보트로 끌어당겼어요. 올라오세요. 아이들은 엄마가 필요합니다!"

그날 많은 사람이 타인을 위해 죽음을 선택했으며 승무원 50여 명도 자리를 양보하고 생을 마감했다. 당시 생존자 대부분이 여자와 어린아이였다. 만약 로봇이 승무원이었다면 이 돌발적인 사태에 어떻게 대응했을까? 입력된 대로 일등석 사람부터 보트에 태웠을 것이다. 죽음을 모르는 로봇은 규정에 반하는 걸 용납하지 않을 테니까. 로봇은 인간이 만들지만 가치관이 충돌했을 때의 결과는 상상을 초월한다.

오늘날 인간은 유전자를 조작하고 인공지능을 개발하고 새로운 장기를 만들어 불멸을 꿈꾼다. 그래서 우리는 행복한가? 우리는 어디로 가고 있는가?

서 있는 물

바다가 되기 싫은
물이 있지

가던 발길 멈추고
고요히

생각에 잠기는
물이 있지

세상 물들이 모두
바다로 갈 때

나무속으로 들어가
팔 벌리고 서 있는 물이 있지

잎으로 꽃으로 피는
물이 있지

봄은 보라고 온다

　겨울 비탈을 넘어온 연둣빛 나무들. 그들을 보러 아차산에 올랐다. 봄나무를 보면 죽은 사람이 돌아온 듯 반갑다.
　"아이구 이거 좀 보시게. 신기하구먼." 두런거리는 소리에 돌아보니 할머니들이 무언가를 들여다보고 계셨다. 그곳엔 커다란 나무 그루터기가 있었다. 나는 눈이 휘둥그레졌다. 사람으로 치면 손, 발, 몸뚱어리도 없는, 나무라고도 할 수 없는 지경에 이른 그것이 가장자리에 푸른 줄기를 솟구쳐 올리고 있었기 때문이었다. 순간, 줄기에서 종소리가 울려왔다. 그건 우리 동네 두부 장수 할아버지의 종소리였다.
　할아버지는 뚝섬에 나룻배가 다닐 때부터 두부를 팔았다고 한다. 비가 오나 눈이 오나 어김없이 종을 흔들며 나타나는 할아버지! 그는 작았지만 두부는 크고 고소하고 값도 쌌다. 그러나 언제부턴가 종소리가 들려오지 않았다. 이후 동네 사람들은 서로 두부장수 안부를 물었고 나와 남편도 은근히 창문을 열어 놓고 귀를 기울였다.

할아버지는 부지런하고 성실했다. 겉은 나무둥치처럼 무뚝뚝했지만 속은 두부처럼 말랑해 단골 할머니들에게 인기였다. 저녁이면 할머니들은 아파트 마당에 나와 할아버지를 기다렸다. 아마 그분들도 새삼 절감했을 것이다. 세상엔 종소리가 울려오는 저녁과 그렇지 않은 저녁이 있다는 걸.

어느 날 동네 마트 앞에서 두부 배달하는 남자에게 여자가 더듬거리고 있었다. "저, 저기요. 혹시 종을 울리며 리어카 끌고 다니는 두부장수 할아버지 모르세요?" 남자는 고개를 흔들며 떠나고 나는 그녀 곁에 서 있었다. 동병상련의 아픔을 느끼면서. 할아버지는 지금 어디서 무얼 할까? 왠지 절망적인 생각에 힘이 빠졌다. "혹시 돌아가신 건 아닐까요?" 그 말을 꿀꺽 삼키고 돌아섰다.

나는 지금도 믿고 있다. 어느 날 죽은 나무둥치에서 뻗어 나오는 연둣빛 줄기처럼 댕그랑 댕그랑 종소리가 울려올지도 모른다고. 그날이 오면 또다시 사람들이 달려 나오고 부엌마다 지글지글 두부 부치는 소리가 움트는 봄날처럼 설레리라.

봄은 보라고 온다. 죽었던 나무에서 잎이 나고 꽃이 피는 걸 보라고 온다.

계단에서 다리를 절며 내려가는 사람을 보았다. 지팡이를 짚고 멈추어 선 남자의 등에도 봄볕이 내려앉아 있었다. 환한 타인의 등에 살며시 손을 대보고 싶어졌다.

어느 운전기사의
행복 비결

　3.1절 행사장에 가려고 택시를 탔다. 택시 기사가 물었다. "혹시 목숨과 바꿀 사람이 있나요?" 뜬금없는 질문에 "요즘도 그런 사람이 사나요?"라며 웃었더니 자기에겐 아내가 그런 사람이란다. 그는 새벽부터 밤늦도록 돈을 벌어 아내에게 바친다고 한다. "집사람이 좋아하는 건 다 해주고 싶어요. 요즘엔 저녁도 내가 찾아먹어요. 지금도 아내는 딸이랑 골프연습을 하고 있어요." 지구상에 이런 남자가 존재하다니! 내가 아는 결혼의 역사를 볼 때 그는 허풍쟁이가 아니면 외계인이었다.

　그때 전화가 왔다. 아내였다. 오픈된 전화 속에선 골프 치는 소리가 들려왔다. 사랑은 숨길 수 없다더니 그들의 대화는 달달했다. 전화를 끊기 전 남자가 말했다. "저녁 걱정 말고 실내골프 한 번 때리고 오시지." 그는 허풍쟁이가 아니었다. "아내를 정말 사랑하나 봐요." "소중한 걸 아니까요." "아내가 어떻게 하는데 그리 소중한가요?" "그건 내가 만드는 거지요." 나는 놀랐다. 소중한 것도 만드는 거라니! 그의 범상치 않은 대답에 자세를 고쳐 앉았다.

사실 그도 이혼하려고 두 번이나 법원에 갔다고 한다. 아내와 18년을 싸우다 마지막으로 결심했단다. 무조건 아내에게 져주기로! 아내에게 요구한 건 단 한 가지. "당신은 웃어주기만 하면 돼. 뼈가 부서져도 원하는 건 다 해줄게." 그때부터 담배도 끊고 열심히 돈을 벌어다 주었단다. 요즘은 문 앞에서 "이리 오너라" 소리치면 아내는 "니가 오너라"라며 깔깔댄다고. 이제 그는 아내 손을 잡으면 설렌단다. 18년의 지옥 생활이 끝나고 7년째 천국이라는 그들.

그는 행복 전도사였다. 행복의 비결은 첫째도 둘째도 아내를 웃게 만드는 것! 백만장자도 아내가 찡그리면 소용없다고. "아내가 웃으면 내가 이득이지요. 아이들까지 행복해지니까." 그가 전도한 사람은 만 명이 넘는다고 한다.

3.1절 백 주년 행사장은 어른 아이 할 것 없이 태극기를 들고 있었다. 유관순은 말했다. 나라를 위해 바칠 목숨이 하나뿐인 것이 안타깝다고. 그 사랑으로 우리는 잘 살아가고 있다. 세상엔 먼저 아낌없이 주는 사람이 있다.

엄지

엄지야 넌 아니?

널 세우기 위해
다른 손가락들이 접힌다는 걸

잘 산다는 것

입원해 있는 친구를 만나고 근처 낙산에 올랐다. 아픈 친구를 만나고 산에 오르니 겨울나무가 보였다. 친구는 내 손을 잡고 말했다. "잘 살아…." 어쩌면 마지막 인사일지 모른다는 걸 우린 알고 있었다. 어떻게 살아야 잘 사는 걸까?

삶 속에 선물 세트처럼 끼워져 있는 죽음! 그 의미를 생각하며 걷다가 이화동 벽화마을 앞에서 눈이 환해졌다. '잘 살기 기념관!'이라는 화살표를 본 것이다. 가파른 계단을 내려가니 마대복이란 사람에 대한 보도자료가 전시되어 있었다. 나는 전시관을 둘러보다 눈물을 훔쳤다.

1964년 군대를 마친 마대복은 경희대 3학년으로 복학하며 산동네

불우한 아이들을 모아 야학을 연다. 당시는 입에 풀칠이 급해 아이들도 일을 시키던 시절이었다. 그러나 청년은 골목의 가로등 밑이나, 자신이 지은 흙벽돌집에서 방문을 열어놓은 채 아이들을 가르쳤다. 무료로 가르치던 그는 아이들에게 필요한 교재, 교구 등을 구하기 위해 십여 년간 구두닦이를 계속한다. 그가 지은 학교 이름은 〈잘 살기 학원〉. 학원에서 배출한 학생 수는 22년 동안 3,600명에 이른다. 그는 말한다. 이 모든 건 오로지 어머니 덕분이었다고.

초등학교 5학년 때 학비가 없어 학교를 그만둔 마대복은 동네 형들을 따라 숯장사를 했다고 한다. 그때 배운 게 대마초. 엄마가 알고 매질을 하자 울면서 말한다. 학교에 보내주면 대마초를 끊겠다고. 그 후 엄마는 마대복만 데리고 서울로 올라온다.

천막촌에서 나물장사로 아들을 뒷바라지하던 그녀는 세 번 삭발한다. 한 번은 대학 등록금에 보태려고, 또 한 번은 장마로 쌀독이 비었을 때, 또 한 번은 팔이 부러진 마대복이 도둑질하는 친구에게 돈을 빌려왔을 때였다. "가난해도 바르게 살아야 한다. 당장 돌려줘라!" 호통치며 그녀는 말한다. "아들아 넌 큰일을 하고 있는 거란다. 늙은이가 머리칼이 있으면 어떻고 없으면 어떠냐!" 놀랍게도 마대복은 그녀의 친자식이 아니었다.

그녀는 지금 세상에 없다. 아픈 친구도 나도 언젠가 세상을 떠날 것이다. 죽음이라고 다 같지 않다. '잘 살기' 기념관에 가면 계단을 내려갈 때 보이지 않던 글이 올라갈 때 보인다.

"잘 살기란 뭘까요?"

혼자라고 생각 말기

어쩌다 기차가 지나는 철길이 있다. 서울 오류동의 항동 철길이다. 철로에 기대 잡풀이 자라고 민들레가 피는 길. 철길에 서면 인생이 보인다.

영화 〈라이언〉도 철길을 배경으로 시작된다. 5살 사루는 형이랑 달리는 기차에 올라 석탄을 훔쳐 끼니를 때우는 아이였다. 어느 날 사루는 일하러 간 형을 기다리다 기차에 올라 잠이 든다. 며칠을 달려 기차가 멈춘 곳은 뱅골. 그곳은 언어마저 다른 땅! 5살 사루는 노숙을 하고 화장터에서 음식을 훔쳐 먹고 인신매매범에게 쫓기지만 결국 고아원을 거쳐 호주로 입양된다. 호주는 고향에서 7,600킬로미터! 그러나 사루를 본 양부모의 파란 눈은 경이로움으로 빛난다. 양엄마는 아이의 검은 눈을 들여다보며 약속한다. "내 아들아, 언젠가 너의 모든 걸 말해줘. 난 네 말을 들어줄 거야! 언제까지나."

사루는 좋은 집과 방을 가지게 된다. 사루는 더 이상 혼자가 아니었다. 양부모는 인도 아이 한 명을 더 입양한다. 사루의 형이었다. 그러나 형은 학대받은 과거로 인해 자해를 하는 아이였다. 자신을 찌르고 때릴 때면 전쟁터가 되었고 양엄마는 형을 안고 함께 울었다. 어른이 되어도 여전했지만, 그녀는 한결같이 형을 사랑했다. 그러나 사루는 형을 원수처럼 미워하게 된다.

성인이 된 사루는 친엄마와 형을 그리워하게 된다. 그는 양부모 집을 나와 몇 년 동안이나 구글어스로 인도의 모든 철로를 뒤진다. 기차를 타고 온 기억밖에 없었으므로. 사루는 양엄마를 찾아가 묻는다. "엄마가 불임이 아니었다면 고아를 키우지 않았겠지요?" 그러자 그녀는 말한다. "어떤 사람에겐 길이 하나밖에 없단다. 난 불임이 아니야. 세상엔 사람이 너무 많아. 그래서 아이를 갖지 않고 너희들을 선택한 거지. 불행한 아이에게 살아갈 기회를 주는 것! 그게 중요하니까!"

이 영화는 실화다. 사루는 양엄마의 격려로 2013년, 25년 만에 인도를 찾아가 친엄마를 만난다. 그날 사루는 양엄마에게 전화한다. "엄마! 친엄마를 찾았어요. 그렇다고 엄마의 의미가 달라진 건 없어요. 사랑해요. 정말 많이! 그리고 형도요!"

사랑은 흘러간다. 사루는 새엄마의 사랑으로 그토록 미워하던 형의 아픔을 이해하게 되었으며 그 사랑은 세상으로 흘러와 수많은 관객을 울렸다.

항동 철길엔 글씨가 새겨져 있다. '혼자라고 생각 말기' 그 글씨 앞에 서면 두 줄기 평행선이 따뜻한 글씨를 품고 먼 길을 흘러간다.

죽음 너머를 보다

강원도 봉평 숲에서였다. 숲속엔 오래된 소나무들이 저마다 푸르른 존재감을 드러내고 있었다. 해설가는 자신을 닮은 나무를 찾아가 안아주라고 했다.

나는 밑둥이 휘어진 나무에게 다가갔다. 내 이름을 말해주고 나무를 안았을 때 해설가가 말했다. "나무가 되어 하늘을 보세요." 나는 가슴이 철렁했다. 나뭇가지엔 잎이 하나도 없었다. 시커멓게 죽은 나무였다. 나는 나무의 주검을 찬찬히 살펴보았다. 나무엔 크고 작은 구멍이 뚫려 있었다. 그건 딱따구리가 애벌레를 파먹은 자리였다. 가지가 부러진 자리엔 이끼가 덮여 있었고 이끼는 어린 떡잎을 뽑아 올리고 있었다. 밑둥치엔 개미가 줄줄이 기어오르고 드러난 뿌리엔 버섯이 꽃처럼 피어있었다. 나무의 죽은 세포는 생명체로 가득했다.

기대지 않고 살아가는 생명체는 이 별에 존재하지 않는다. 죽은 나무가 사라지려면 수백 년이 걸린다고 한다. 나무는 죽은 후 온갖 생명을 부양하며 자신이 태어난 숲을 풍성하게 한다. 죽음은 아름다운 순환이다. 순환이 멈추면 생명도 멈춘다. 그래서 죽음은 희망이 된다.

해설가가 이상한 듯 물었다. "왜 이 나무를 선택했나요? 이 나무를 선택한 사람은 처음이네요." 나는 고개를 숙였다. 지난날이 떠올라서였다.

건강검진을 받은 날 병원에서 연락이 왔다. 암인 것 같으니 재검을 하자고. 결과는 췌장암! 일산 암 병원에서도 같은 결과였다. 나는 죽음 앞에서 무력했다. 밤새 인터넷을 뒤진 결과 췌장암은 생존율이 극히 낮다는 사실을 알게 되었다. 나는 죽음을 준비했다. 남편의 와이셔츠도 사두고 보험증서도 찾아놓고 주변 정리를 했다. 죽음이란 관계의 단절이었다. 그것이 10년 전 일이다. 하지만 나는 지금도 여전히 살아있다. 그리고 이제는 죽음, 그 너머를 본다.

돌아오면서 봉평 메밀꽃 축제에 들렀다. 지천으로 피어있는 메밀꽃은 비에 젖어 하얗게 웃고 있었다. 메밀꽃을 보며 점심에 먹은 메밀국수를 생각했다. 생명은 공생의 관계 속에서 빛을 발한다. 저만치 청춘 남녀 한 쌍이 꽃밭에 그림처럼 서 있었다. 나는 그들을 보며 루게릭병 환자 모리의 말을 떠올렸다.

"죽음은 생명이 끝나는 것이지 관계가 끝나는 것은 아니다. 친밀한 사랑의 감정을 기억하는 한 우리는 잊히지 않는 죽음을 죽을 수 있다."

고향은 변하지 않는다

몽골이 사회주의 국가일 때 전쟁 중인 베트남에 말을 보냈다고 한다. 차와 기차를 바꿔타며 베트남으로 간 말들 중 한 마리가 일 년 만에 다시 몽골로 돌아왔다고 한다. "말이 어떻게 그 먼 길을 찾아왔을까?" "고향이 그리워서지." 이야기를 들려준 친구의 대답은 단순했다.

내 고향은 강원도 진부다. 고향을 떠나온 건 초등학교 졸업 후였다. 얼마 전 그곳을 다시 찾았다. 그러나 내가 알던 고향은 사라지고 없었다. 나는 표지판을 더듬어 초등학교로 갔다. 그 옛날의 목조 학교는 사라지고 시멘트로 지어진 4층 건물이 우뚝 서 있었다.

학교는 변했어도 놀이터 아이들 소리는 바람 부는 날 미루나무처럼 반짝였다. 나는 운동장 가에 올망졸망 앉아있는 아이들을 발견했다. 옛날 내가 앉았던 자리에 아이들이 봄꽃처럼 피어난 것이다. 나는 나를 소개했다. 나도 이 학교에 다녔는데 학교가 그리워 찾아왔다고.

아이들은 '몽돌'이란 시를 알고 있었다. 그건 5학년 교과서에 실린 내가 쓴 동시다. 우리는 이내 친해져 사진을 찍고 떡볶이를 먹으러 갔다. 그리고 서울 오면 전화하기로 하고 헤어졌다. 고향만이 줄 수 있는 깜짝 선물이었다.

해 질 녘 내가 살았던 동네를 찾아갔다. 물론 내가 살던 집은 사라진 지 오래, 새 주택들이 들어서 있었다. 나는 몇 번이고 근처를 배회했다. 그러다 전율이 왔다. 낯선 집 위로 우리 집이 겹쳐 보였다. 그때 누군가 내 이름을 불렀다. 엄마의 목소리였다.

초등학교 때 나는 밴드부였다. 처음으로 유니폼을 입고 동네를 행진하는 날, 모두 흰 운동화를 신었는데 나만 손등으로 눈물을 훔치고 있었다. 그때 엄마가 나를 부르며 달려왔다. 엄마 손에서 빛나던 하얀 운동화! 신발이 동이 나자 엄마는 대관령을 넘어가 사 온 것이다.

엄마 떠난 후 꿈에도 그리운 건 엄마 목소리였다. 나는 그때처럼 눈물을 훔치며 중얼거렸다. "엄마 고마워요!"

몽골까지 달려온 말도 내가 고향을 서성이는 것도 기억 때문일 것이다. 기억 속 고향은 그대로다. 목청껏 울어대는 닭 소리도 길가의 백일홍도 예전과 같다. 고향엔 엄마 목소리가 있고 하얀 운동화를 신고 북을 치며 걸어가는 꼬맹이가 있다.

목포에서 만난 파랑새

사할린 여행을 계획한 건 오래전부터였다. 동호인과 함께하는 사할린 탐방! 그곳엔 식민지 시대 끌려갔던 많은 동포들이 살고 있다. 일본은 식민지 지배와 전쟁 책임 회피를 위해, 소련은 국제정치적 역학 관계와 노동력 보충이라는 현실적 요구에 따라, 조국은 반공 체제의 유지를 위해 그들을 버렸다. 내가 만약 그들이었다면?

나는 이산의 고통을 느끼며 한인들에게 줄 선물을 준비했고 환전도 했다. 모든 준비는 끝났다. 그러나 나는 사할린에 가지 못했다. 출발 전날에서야 잘못된 걸 알았다. 단체 항공권 구입이 개인 구입으로 변경된 공지를 못 본 것이다. 표가 없으니 어찌 갈 것인가? 참으로 기막히고 막막했다. 사할린의 동포도 이런 심정이 아니었을까? 그러나 나는 포기하지 않았다.

우리 엄마는 슬플 때 노래를 불렀다. 설거지하며 부르던 목포의 눈물! 노래 때문에 흘러간 목포엔 벽화마을이 있었다. 가난한 사람들이 가파른 산동네로 밀려난 곳. 벽화마을 입구엔 희망이라는 글씨가 등대처럼 깜빡였다.

나는 폭염으로 달아오른 희망의 골목길로 접어들었다. 집들은 따개비처럼 붙어있었고 나 하나로 꽉 차는 골목은 구불구불 서러운 노랫가락처럼 언덕배기를 기어오르고 있었다. 지붕 위에 텐트를 친 집, 녹슨 창살이 덜렁거리는 집, 벽이 무너진 빈집도 있었다. 삶의 쓰라린 고통을 알고 있는 골목은 낯선 나를 감싸주었다.

땀이 흘러내려 눈물이 될 때쯤 골목 끝에서 파랑새를 만났다. 파랑새는 연인처럼 내게 약속했다. "나예요! 희망의 파랑새! 두리번거리지 마세요. 바로 당신 앞에 있잖아요. 나는 날갯짓도 하지 않아요. 언제나 얌전히 앉아 당신을 기다려요."

내려오는 길, 창가의 선인장을 곁눈질하다 웃고 말았다. 선인장 너머 천장에 보이는 '입춘대길!' 남루한 천장도 농담처럼 봄을 품고 있었다.

유달산은 바다 앞에서 솟아올랐다. 땅끝에서 아름다운 산이 된 것이다. 유달산은 알고 있다. 하늘이 무너져도 솟아날 구멍이 있다는 걸!

길 끝엔 또 다른 길이 열린다. 사할린 대신 목포에서 파랑새를 만나고 가는 길. 목포는 단순한 항구가 아니었다. 희망이었다.

내가 만난
사람들의 사랑

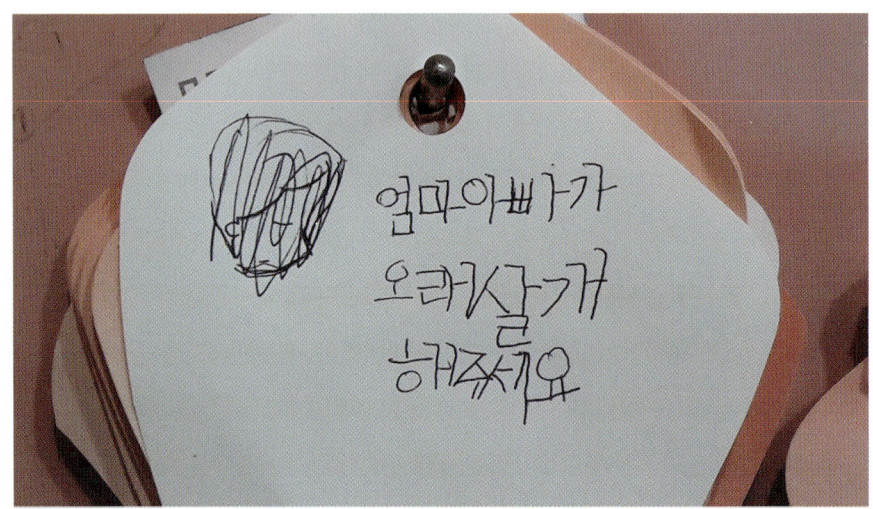

 뉴스에서 보았다. 철로에 쓰러져있는 사람을 배경으로 셀카 찍는 남자를. "뭐 저런 인간이 있어?" 내 비난엔 무언가 빠져 있었다. 그걸 알게 해 준 사람이 있다. 효녀 심청이, 어린아이, 그리고 해병대 할머니다.

 심청이가 연꽃을 타고 밀려왔다는 연화리 마을을 지나 백령도 심청각에 서면, 저 멀리 황해도 해주의 인당수가 보인다. 나는 그곳에서 뜻밖에 아버지 목소리를 들었다. "죽기 전에 백령도에 가보고 싶구나…" 힘없이 말꼬리를 흐리던 아버지. "하필이면 백령도예요? 멀미 때문에 안 돼요." 그리고 잊어버렸다. 아버지는 왜 백령도에 오고 싶었을까? 나는 모른다. 이젠 물어볼 아버지가 안 계시니.

두 번째는 어린아이였다. 심청각엔 소원을 쓰는 코너가 있다. 사업 번창하게 해주세요, 건강하게 해주세요, 로또 일등 맞게 해주세요. 등등의 사연 중 뭉클한 건 삐뚤삐뚤한 글씨였다. "엄마 아빠가 오래 살게 해주세요!" 아이들은 왕관과 부모를 바꾸지 않는다. 그들의 사랑이 어른보다 위대한 이유다.

세 번째는 해병대 할머니다. 대청도의 절경 서풍받이 가는 길엔 무덤이 있고 비석엔 '해병대 할머니'라고 써져 있다. 할머니는 60년 동안 해병들을 자식처럼 돌보다 그들의 손에 의해 묻혔다고 한다. 할머니의 유품은 해병대와 함께 찍은 사진 한 장! 고물장수와 삯바느질로 연명했지만 그녀의 밥을 안 얻어먹은 해병은 없을 정도라고 한다. 옷도 꿰매주고 편지도 부쳐주고 고민 상담도 해주다 보니 할머니는 어느새 '해병대 할머니'가 되었다. 심지어 지휘관들은 탈영이 우려되는 병사를 할머니에게 보냈다. 할머니는 칼바람 부는 겨울, 부대원에게 속옷을 지어 입히기도 했다.

제대한 해병들까지 참석한 장례식에서 이호연 해병대사령관은 말했다. "할머니의 사랑은 은혜 입은 사람들에 의해 전파돼 영원히 살아있을 것이다."

『아직도 가야 할 길』이란 책에서는 누군가를 사랑한다면 그 사랑이 서로의 정신적 성장에 도움이 되는가를 질문해야 한다고 한다. 심청이라면, 어린아이라면, 해병대 할머니라면 다친 사람을 배경으로 셀카 찍는 사람을 보고 뭐라 했을까? 비난에 앞서 그가 왜 그랬는지를 생각했을 것이다. 사랑이 서로의 정신적 성장에 도움이 되어야 한다면 말이다.

강화 교동시장에서 만난 시

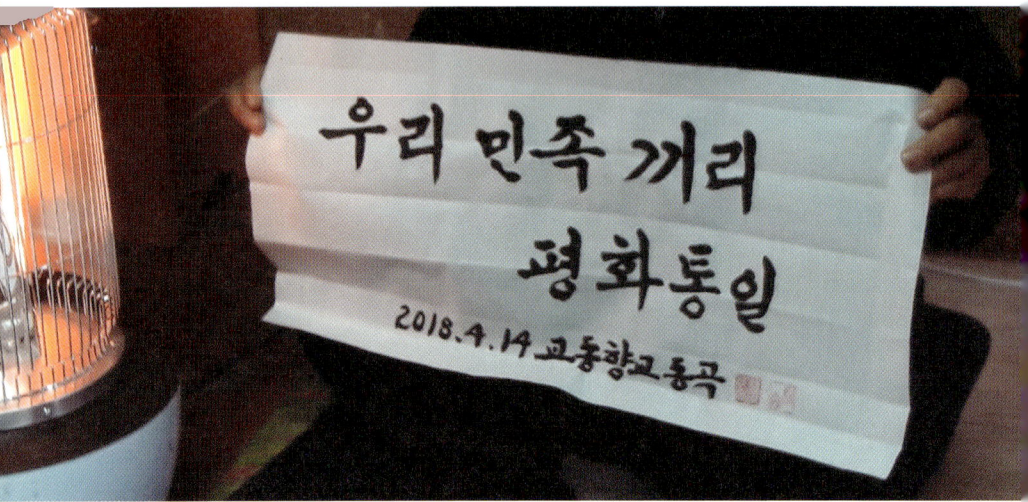

고향, 하면 고비사막이 떠오른다. 지평선 위로 해가 뜨고 해가 지는 곳. 몇 시간을 달려도 게르를 볼 수 없는 곳. 초원엔 야생화가 지천으로 피어 몽롱한 향기를 내뿜고 새들이 풀 위를 날아다니는 곳. 그때 꿈결처럼 들리던 뻐꾸기 소리! 그 소리를 들으며 몽골 가이드가 들려준 이야기다.

유목민들에게 가축은 가족이다. 몽골 사내아이들은 어려서부터 말과 함께 뒹굴며 자란다. 가이드 말은 백마였는데 가이드와 같은 해에 태어난 말도 똑같이 바트라고 불렀단다. 시간이 흘러 늙은 말을 친척에게 팔았는데 1년 만에 말이 혼자 돌아왔다고 한다. 친척은 뻐꾸기 탓이라고 하더란다. 뻐꾸기가 울던 날 말이 풀을 뜯다 말고 하염없이 먼 곳을 바라보다 쏜살같이 달리기 시작한 건 저녁 무렵이었다고. 말은 먹지도 자지도 않고 이틀을 달려 고향 집으로 돌아간 것이다.

이번 남북정상 회담을 보며 떠오른 건 실향민들이었다. 그것은 회담 얼마 전 강화 교동에 다녀왔기 때문이다. 교동은 황해도 연백 사람들이 6·25 때 잠시 피란 왔다가 분계선이 그어져 눌러앉은 섬이다. 바다 건너 빤히 보이는 고향! 망원경으로 보면 집도 길도 밭을 가는 농부도 보이지만 그들은 부모 형제에게 돌아가지 못했다. 말은 고향으로 갔지만 사람은 철조망에 매달려 65년을 바라본 것이다.

"격강천리라더니/ 바라보고도 못 가는 고향일세/ 한강이 임진강과 예성강을 만나/ 바다로 흘르드는데/ 인간이 최고라더니 날짐승만도 못하구나/ 새들은 날아서 고향을 오고가련만/ 내 눈에는 인간을 조롱하듯 보이누나/ 비오듯 쏟아지는 포탄 속에서/ 목숨을 부지하려 허둥지둥 나왔는데/ 부모형제 갈라져/ 반백 년이 웬 말인가/ 함께 나온 고향친구 뿔뿔이 흩어지고/ 백발이 돼 저세상 간 사람 많은데/ 남은 사람/ 고향 발 디딜 날 그 언제일까?"

이병욱 시인의 「격강천리라더니」다. 이 시는 아직도 피란 시절 모습 그대로인 교동시장 허름한 벽에 붙어있다. 세월이 흘러 종이는 빛바래고 글자는 지워져 한참을 읽었다.

교동엔 우리나라 최초의 향교가 있다. 그곳에서 갓 쓰고 도포 입은 분이 가훈을 써주고 계셨다. 떨리는 손으로 가훈을 들고 먹물 말리는 할아버지를 보았다. 역사 이래 인간이 겪었던 가장 혹독한 이별과 희망을 담은 가훈은 이랬다. '우리 민족끼리 평화통일'

새해, 무엇을 세며 살까

황재형 화가의 신작 〈십만 개의 머리카락〉을 보러 평창동 가나아트센터를 찾았다. 사람의 주름살도 눈동자도 모두 머리카락으로 만든 놀라운 작품은 조선시대 원이 엄마에게서 영감을 받았다고 한다.

원이 엄마는 지아비가 병에 걸리자 간절한 마음으로 머리카락이랑 삼을 꼬아 미투리를 짠다. 그러나 남편이 일찍 죽자 미투리와 편지를 관에 넣어준다. 그 후 무덤이 택지개발로 이장되면서 450년 만에 편지의 내용이 공개된다.

"함께 누우면 언제나 나는 당신에게 말하곤 했지요. 여보, 다른 사람들도 우리처럼 서로 어여삐 여기고 사랑할까요, 남들도 정말 우리 같을까요? 어찌 그런 일들 생각지도 않고 나를 버리고 먼저 가시는가요. 당신을 여의고는 아무리 해도 살 수 없어요. 빨리 당신께 가고 싶어요. 나를 데려가 주세요." 편지와 함께 그녀의 미투리는 세계적인 다큐멘터리 잡지인 지오그래픽에 실려 사람들을 감동시킨다.

머리카락에 관한 이야기는 많다. 크리스마스 선물로 아내는 머리카락을 팔아 남편의 시곗줄을 사고 남편은 시계를 팔아 아내의 머리빗을 사는 이야기도 있고, 삼손이 자신의 괴력이 머리카락에서 나온다는 비밀을 데릴라에게 알려주어 머리카락을 잘리고 눈을 빼앗기고 옥중에서 맷돌을 돌리는 형벌을 받기도 한다.

한 남자를 사랑해 머리카락과 함께 묻힌 여인도 있다. 상처한 아내와 네 명의 자식을 둔 독립운동가 조만식 선생은 56세, 전선애는 34세의 처녀였지만 둘은 사랑으로 맺어진다. 9년을 함께 산 후 면회를 간 전선애에게 선생은 흰 머리카락이 든 봉투를 건넨다. 그 머리카락은 선생의 시신을 대신해 현충원에 묻혔고 전선애도 옆에 잠든다.

전시장 2층 입구엔 원이 엄마의 미투리를 그린 작품이 있었다. 그 작품 앞에서 한 여인이 노래를 부르기 시작했다. '감꽃'이란 노래는 이슬비처럼 나를 적셨다. 어릴 적엔 떨어지는 감꽃을 세고 전쟁 시엔 죽은 사람의 머리를 세고 성인이 되어서는 침을 발라 돈을 센다는 내용의 가사였다.

노래한 이는 가수 박경하로 화가의 부인과 친한 사이라고 했다. 시대를 초월해 우리는 영향을 주고받으며 산다. 조선시대 원이 엄마의 미투리가 있어 오늘날 화가가 머리카락으로 그림을 만들고 가수는 노래를 하며 나는 컬럼을 쓴다. 이제 다시 새해다. 우리는 무엇을 세며 살아야 할까?

아름다운 전 재산

'서울숲'에는 은행나무 군락이 있다. 바람 부는 날 은행잎들은 폭죽처럼 날아올라 별똥별처럼 떨어진다. 가을이면 나무는 자신의 모든 것을 남김없이 땅으로 보낸다.

숲에서 여자아이가 보물을 찾듯 은행잎을 줍고 있었다. 한 장 한 장 주운 은행잎을 의자에 앉아있는 엄마에게 보여주곤 했다. 그때마다 엄마가 말했다. "이건 벌레 먹은 거네." "그래도 예뻐요!" "이건 끝이 찢어졌네." "그래도 예뻐요!" 아이에겐 다 소중한 모양이었다. 신나게 뛰어다니던 아이는 나랑 눈이 마주치자 스스럼없이 내게 왔다. 그리고 은행잎 한 장을 건넸다. "이거 내가 주운 거예요. 선물이에요." 아이 눈은 티 없이 맑았고 두려움이 없었다. 은행잎을 손바닥에 올려놓으니 그림책 속 꼬마가 생각났다.

 함박눈이 아름답다고 생각한 여덟 살짜리 꼬마는 눈송이를 뭉쳐 냉장고에 넣고 선물할 사람을 찾아 나선다. 구멍가게 아저씨는 눈송이에 상표를 붙여 병에 넣어 팔겠다고 하고, 병원의 렌즈박사는 눈송이를 현미경으로 자세히 살펴보겠다고 하고, 철학자는 되물었다. "넌 눈송이가 표시되길 바라니? 인식되는 대상이길 바라니? 본질적으로 그건…" 아이는 모두에게 실망하여 집으로 돌아왔다. 그리고 할아버지에게 물었다. 할아버지는 대답했다. "만약 내가 눈송이 선물을 받는다면 세상에서 가장 소중한 것인 듯 바라볼 텐데…." 그러자 아이는 기뻐하며 냉장고 문을 열었다. 그러나 눈송이는 녹아버리고 없었다. 할아버지는 말했다. "눈은 사라져도 네 영혼이 느꼈던 아름다움은 아무도 빼앗아 갈 수 없단다."

 나도 그런 선물을 받은 적이 있다. 얼마 전 결혼한 아들이 새벽 1시가 넘어 집으로 왔다. 집은 멀고 술이 취해 우리 집으로 온 모양이었다. 아이는 침대에 누운 나를 안아주더니 책상 쪽으로 가 무언가 부스럭거리다 방을 나갔다. 다음 날 아침, 아이가 출근하고 책상 위 노트북을 열었다. 그 속엔 오만 원짜리부터 천 원짜리까지 지갑을 몽땅 턴 돈이 들어있었다. 나는 울컥했다. 자식의 전 재산을 받은 엄마는 흔치 않을 테니까. 그러나 그건 아들의 용돈이었기에 이내 달려 나갔지만 아들은 보이지 않았다.

 방으로 돌아온 나는 돈을 나란히 펴 놓았다. 냉장고에 눈을 집어넣듯 아들은 컴퓨터 속에 돈을 밀어 넣었을 것이다. 세상에서 가장 아름다운 전 재산을!

죽지 않는 사람들

　추사박물관에 갔다. 추사 김정희는 160년 전 사람이지만 그를 보러 오는 사람은 끊이지 않는다.

　추사는 조선 후기의 문인 서화가였다. 청나라 대학자 옹방강에게 시·서·화가 조선 제일이라는 극찬을 받으며 사제관계를 맺은 천재이기도 하다. 신동으로 태어나 승승장구하던 그는 윤상도의 옥사와 관련해 55세 때 제주도로 귀양을 간다. 그곳에서 그린 것이 〈세한도〉다.

　'세한'이란 설 전후로 가장 추운 시기를 말한다. 유배 시절 모두 등을 돌렸으나 한결같이 스승을 경애했던 제자 이상적. 그는 중국의 귀한 책들을 구해 목숨 걸고 스승에게 계속 보내준다. 절해고도의 추사에겐 양식과 같은 책이었다. 절절한 고마움을 담아 제자에게 그려 준 세한도. 그림엔 소나무와 측백나무가 화면 속에 얼어붙어 있다. 그러나 제자를 상징하는 잎만은 푸르다.

　추사박물관에서 어떤 중년 신사가 해설가에게 물었다. "〈세한도〉는 얼마쯤 할까요?", "글쎄요… 천문학적인 숫자가 아닐까요?" 나는 쓸쓸히 웃었다.

〈세한도〉는 일제시대, 경성제국대학에 '후지츠카 치카시'란 일본인 교수 덕분에 국보가 되었다고 한다. 교수는 추사를 흠모해 추사 연구에 평생을 바쳤으며 방대한 자료를 소장해 분신으로 여겼던 사람이다. 태평양전쟁 당시 모든 자료와 〈세한도〉를 가지고 교수가 일본으로 돌아가자, 고서화 수집가인 손재형이 목숨 걸고 〈세한도〉를 찾으러 일본으로 간다. 교수는 돈은 달라는 대로 주겠다는 제안을 단호히 거절한다. 그날부터 손재형은 매일 교수를 방문해 큰절을 올린다. 석 달 동안 문안이 이어지자 교수는 대가 없이 〈세한도〉를 내어주며 딱 한 마디 했다.
"보관 잘하시오."

교수가 죽은 후 나머지 자료도 2006년 그의 아들이 기증하여 추사박물관에 전시하게 된다. 당시 병과 가난에 시달리면서도 일본인 교수는 왜 〈세한도〉를 팔지 않았을까? 그는 그림을 펼쳐 놓고 춥고 배고픈 겨울에도 푸르른 나무를 바라보며 어떻게 살지를 고민했을 것이다.

유배의 외로움이 투명한 얼음처럼 박혀있는 〈세한도〉엔 그의 혼이 담겨있다. 추사는 한 획을 그을 때 천 번씩 연습했으며 일생 동안 벼루 열 개와 붓 천 자루를 닳게 했다고 한다.

〈세한도〉가 있어 추사는 물론 제자 이상적도 일본인 교수도 손재형도 죽지 않는다. 그들은 생의 전부를 걸고 산 자의 마음속으로 들어가기 때문이다.

끝없는 이야기

연안부두에서 배를 타고 자월도 가는 길. 바다 위에 떠있는 섬은 외로워서 아름답다. 산이 바다로 뛰어든 것 같기도 하고 먹고 살기 위해 타국으로 온 신부 같기도 하다.

뱃전에서 새우깡을 던져주면 갈매기는 울며 따라온다. 먹이를 본 울음은 핏빛이다. 보이지 않는 동아줄에 매인 듯 결사적인 몸짓! 새우깡을 낚아채는 놈, 떨어뜨린 걸 주워 먹는 놈, 물에 빠진 걸 수직하강해서 건져 먹는 놈, 꽁무니에서 눈치 보는 놈, 갈매기를 보면 가슴이 저리다. 목숨이 붙어있는 것들은 밥줄에 매여 산다.

황시백의 자전적 에세이 『애쓴 사랑』 속에는 밥의 이야기가 나온다. 1970년경 부산, 허기에 지친 주인공은 어느 집 앞에 배춧잎 데쳐놓은 걸 훔쳐 먹는다. 한 움큼 먹으며 가다가 다시 돌아가 한 움큼 집어 꾹꾹 씹어 먹는다. 입 안에 고인 단물의 묘사가 어찌나 절절한지 내 입에도 침이 고일 정도였다.

주인공이 가래침 묻은 담배꽁초를 주워 피우고 피골이 상접해 아무 데나 주저앉게 되었을 즈음 눈에 보이는 건 오직 밥뿐이더란다. 순두부 백반 한 그릇과 손가락 하나를 바꿀 수 있다면 당연히 그렇게 했을 거라고. 결국 주인공은 밥을 먹기 위해 피를 팔기 시작한다. 당시 부산대학병원 푸른 페인트칠을 한 쇠문 앞엔 피를 팔려는 여자와 남자들로 동트기 전부터 장이 섰다고 한다. 팔뚝에 합격 도장이 찍혀야 피를 뽑을 수 있는데 하도 피를 많이 뽑아 주먹을 쥐었다 폈다 해도 피가 안 나오더란다. 그래서 돌아오는 길에 10원짜리 동전을 주워 연탄 한 장을 사 불을 피우고 문을 걸어 잠근다.

인간이란 갈매기와 달리 타인의 고통에 공감할 수 있는 동물이다. 그러나 공감만으로 세상은 변하지 않는다. 지금도 세상의 절반은 기아에 허덕이고 몇 초에 한 명씩 아이들이 죽어 나간다.

자월도에 내리니 하얀 등대가 보였다. 산이 바다로 뛰어들어 등대를 세운 사랑! 인간에게 사랑과 밥을 빼면 무엇이 남을까를 생각하는데 친구들은 인류 역사상 가장 매혹적이고 끝없는 이야기를 이어가고 있었다. 바다에 왔으니 회를 먹을까? 아니면 가져온 삼겹살부터 먹을까? 아니면?

기쁘지도
슬프지도 않은 인생

친구를 기다리는데 연락이 왔다. 급한 일로 못 온다는 것이다. 나는 하루를 비워 놓은 상태였다. 자유는 외로움을 동반한다. 외로움이 중얼거렸다. '어디로 가야 하나?' 난 휴대폰을 꺼냈다. 그러나 와 줄 사람은 없었다. 문득 가을바람처럼 쓸쓸해졌다. 내 번호도 그렇게 저장되어 있을 것이기에.

서울역을 나오다 4호선을 보았다. 평상시엔 보이지 않던 행선지가 번쩍 빛을 발했다. 오이도행! 더구나 4호선은 푸른색으로 칠해져 파도치고 있었다. 나는 설레었다. 오래전부터 오이도에 가보고 싶었던 것이다.

끝없이 많은 정거장을 지나 오이도역에 내렸을 때, 나는 목마른 사람처럼 역사 창문으로 갔다. 보이는 건 주차장과 회색빛 아파트뿐, 해풍은 어디서도 불어오지 않았다. 나는 밖으로 나와 두리번거리다 채소 파는 할머니에게로 갔다.

"오이도 바다는 어디 있나요?"

"바다는 여기 없어! 버스 타고 더 가야 혀." 아마도 나 같은 사람이 많은 모양이었다.

　나는 망연히 땡볕 아래 서있었다. 버스를 타고 다녀오기엔 너무 늦은 시각, 나는 돌아서다 바다를 발견했다. 붉은 노을 아래 등대가 보이고 갈매기가 끼룩거리며 날아다니는 오이도! 그것은 역전 광고판이었다.

　돌아오는 차 안은 종점이라 한산했다. 잠깐 졸다 눈을 뜨니 맞은편에 늙고 초라한 아저씨 두 분이 보였다. 도시락 가방을 잡은 손마디는 펴질 것 같지 않았고 주름진 얼굴엔 웃음기가 말라 있었다. 그런데 한 사람이 검지를 들어 옆 사람 눈앞에 디밀었다. 바삐 일하느라 가시가 박힌 채 그냥 온 모양이었다. 옆 사람은 자세를 바꾸어 몇 번 헛손질 끝에 겨우 가시를 빼내었다. 그리고 그걸 상대방 눈앞에 내밀었다. 그리고 둘은 전철 안이 환하도록 웃었다.

　순간 조마조마하던 내 마음속에서도 무언가 쑥! 뽑혀 나갔다. 바다를 찾아 먼 길 온 내게 그들은 말했다. 손톱 밑의 가시만 없어도 인생은 행복한 거라고. 나는 모파상의 말을 떠올리며 떫은 감처럼 웃었다. '인생이란 우리 생각처럼 그렇게 슬픈 것도 기쁜 것도 아니다.'

갈대

갈대는 흔들리는 게 아니야

천
번

만
번

일어서는 거야

올림픽, 더 나은 세상을 향하여

영국의 육상 선수 '데릭 레이몬드'의 일화는 유명하다. 바르셀로나 올림픽에서 선두로 달리던 그가 오른쪽 다리에 심줄이 끊어져 주저앉았을 때 급히 달려온 건 아버지였다. "아들아, 이제 그만해도 괜찮다. 무리하면 영원히 못 뛸 거야." 그러나 레이몬드는 단호했다. "아버지, 너무 아파요. 그러나 끝까지 뛰고 싶어요." "그래 그럼 함께 가자꾸나." 둘은 어깨동무를 하고 올림픽사상 가장 느린 기록으로 400미터를 완주했다.

레이몬드는 1988년 서울 올림픽에 출전했었지만 아킬레스건 파열로 출전을 포기해야 했다. 그 뒤 무려 22번의 수술을 하고 1992년 바르셀로나 올림픽에 출전했으나 달리는 도중 또 힘줄이 끊어졌던 것이다. 그는 말했다. "끝까지 완주하는 나를 바보라고 할지 영웅이라 할지는 생각해본 적이 없다. 나는 오직 완주하고 싶었다. 그것이 내가 사는 이유였기 때문이다."

극한의 고통 속에서도 레이몬드는 포기를 몰랐다. 그로 인해 올림픽 역사가 바뀌었다. 레이몬드는 28년이 지난 지금도 올림픽 영웅으로 남앗으며 올림픽 정신의 대명사가 되었다. 꼴찌에게 갈채를 보내는 더 나은 세상을 만든 것이다.

평창 올림픽에도 잊지 못할 장면이 있었다. 스케이트 선수 이상화가 은메달을 딴 직후 허리를 꺾으며 오열할 때 나는 그 눈물이 고다이라 선수에게 금메달을 빼앗겼기 때문인 줄 알았다. 그러나 그건 오해였다. 뜻밖에 고다이라 선수가 이상화 선수에게 다가가 팔을 벌렸고 이상화 선수는 울면서 품에 안겼다. 그리고 한 사람은 태극기를 들고 한 사람은 일본기를 등에 두르고 나란히 트랙을 돌았다. 사실 그들은 11년 지기 친구였다. 국경을 넘은 우정과 페어플레이에 사람들은 환호했다.

우리는 올림픽을 보며 잃어버린 것을 회복한다. 메말랐던 눈물을 흘리고 꼴찌에게 환호를 보낸다. 북한 코치 두 사람이 우리나라 김은호 스키선수를 열렬히 응원하는 걸 보았다. 그들은 나에게 더 나은 세상을 꿈꾸게 한다.

올림픽 정신은 '우정과 상호 간의 이해를 통해 더 나은 세계와 평화를 창조하기 위함'이라고 한다.

헬렌켈러는 말한다. "세상은 고통으로 가득하지만 그것을 극복하려는 사람들로도 가득하다."

거울 속 아이

내가 바보 같은 날
거울을 보았어

내가 울었더니 거울 속
아이도 울었어

내가 눈물 닦았더니
아이도 닦았어

내가 머리 쓰다듬었더니
아이도 쓰다듬었어

아이가 웃을까 말까
망설이기에
내가 먼저 씩 웃어 주었어

남을 신뢰하는 법

왕십리역에서였다. 9번 출구 계단에 할머니가 앉아계셨다. 곱게 화장까지 한 할머니가 내게 도움을 청했다. 버스비가 없다는 것이다. 나도 지갑을 두고 온 경험이 있어 이천 원을 건네고 돌아섰다. 그런데 다른 사람 부르는 소리가 들렸다. 내가 보는데도 할머닌 손을 벌리고 있었다. 나를 보고 지나던 여자가 말했다. "저 할머니 여기 자주 와요!" 그녀는 나를 비웃는 듯했다.

나는 모르는 사람 돕는 걸 원칙으로 한다. 그래서 지하철이나 길에서 손 내미는 사람을 그냥 지나치지 않는다. 그러나 남편은 머리를 젓는다. 길에 엎드렸던 사람이 벌떡 일어나 자가용 타고 가는 걸 보았단다. 도와야 하나 말아야 하나? 바보가 되어야 하나 말아야 하나? 이 심오한 갈등을 한 방에 날려준 건 무인 매점이다.

충남 태안에는 솔향기 길이 있다. 그 길은 2007년 유조선 기름유출 사건 당시 자원 봉사자들의 원활한 방제작업을 위해 만들어진 길이다. 바다를 뒤덮었던 기름을 제거하려고 전국에서 130만여 명이 달려왔던 것이다. 태안반도가 몇 년이 안 돼 다시 휴양지로 살아난 건 그들 덕분이었다.

솔향기 길은 오르막 내리막으로 이어지는 10.2km 길이다. 가져갔던 생수는 바닥났고 입이 바짝 타들어 갈 즈음 숲길에 구세주처럼 나타난 작은 매점! 우리는 매점 안으로 뛰어 들어갔다.

그곳엔 사람이 없었다. 칠판에 '무인매점입니다. 가격을 참조하시고 돈은 서랍에 넣어주세요'라고 씌어있을 뿐 돈 서랍은 열려 있고 가격표는 냉장고에 붙어 있었다. 이렇게 외진 곳에 돈 서랍을 열어 놓다니! 칠판을 다시 보니 '감사합니다', '행복합니다' '또 오고 싶은 곳' 등등 다녀간 사람들의 감사가 깨알처럼 적혀 있었다. 맥주를 외상으로 먹고 간 사람도 있었다.

나는 무인 매점에서 무조건의 신뢰를 배웠다. 남을 의심하고 망설이기엔 인생이 너무 짧지 않은가.

은숙이

산본리에 있는 수리산에 가자고 지인에게서 전화가 왔다. 순간 가슴이 쿵! 내려앉았다. 산본리라니… 그곳은 잊지 못할 친구, 은숙이가 살았던 곳이었다.

은숙이는 나의 둘도 없는 단짝이었다. 은숙이는 남 부러울 것 없는 아이였다. 그러나 졸업을 앞두고 아버지 사업 실패로 산본리로 이사 간 후 소식이 끊겼다. 나는 주소를 들고 산본리를 찾아갔다. 버스에서 내린 산본리는 논과 밭뿐이었다. 엄마는 집을 나갔고 대학에 합격했던 그녀는 공장을 다니고 있었다. 동생이 둘인데 먹을 게 없었던 것이다. 은숙이는 내게조차 별말이 없었다.

그 후 은숙이는 집을 나가 소식이 끊겼다. 주소 없이 돈만 보내온다 했다. 나는 몇 번인가 은숙이 없는 산본리를 찾아갔다. 라면 박스를 머리에 이고 거름 냄새 나는 시골길을 걸어가면 은숙이 동생 경희가 뛰어나와 반겼다. 우리는 라면을 끓일 때 깻잎을 한 바구니씩 따서 넣었다. 양을 불리기 위해서였다. 김치도 없는 상을 들고 들어가면 은숙이 아버지는 불도 켜지 않은 채 돌아앉아 계셨다.

그로부터 2년이 지나 은숙이에게서 연락이 왔다. 그녀는 눈이 파란 아이를 안고 나타났다. 국제결혼을 해서 미국으로 간다고. 공항에서 그녀를 보내던 날, 나는 거리를 방황하며 눈이 퉁퉁 붓도록 울었다. 이후 몇 번의 편지 왕래 끝에 소식이 끊기고 말았다.

나는 지인과 약속한 산본역에 내렸다. 그런데 이게 웬일인가? 예전의 산본리는 사라지고 빌딩숲이 눈앞을 가로막았다.

나는 눈을 감았다. 감은 눈 속에선 거름 냄새 풍기던 산본리랑 둥근 얼굴에 단발머리 은숙이가 보였다. 은숙이는 지금 어디서 무얼 하며 살고 있을까? 그녀도 나를 생각할까? 나는 은숙이를 찾으려고 방송국에 사연을 보내기도 했었다.

톨스토이는 말한다. 자기에게 무엇이 필요한지 모르는 게 인간이라고. 한 시간 후면 죽을 사람이 튼튼한 구두를 맞춘다는 것이다. 나도 한 치 앞을 모르는 인간이었다. 공항에서의 이별이 우리에게 주어진 마지막 시간인 줄 몰랐다. 뒤돌아보며 손 흔들던 은숙이! 살기 바쁘다는 핑계로 은숙이를 잃어버린 것이다.

수리산 입구에서 봄내음 가득한 시골길을 만났다. 길가엔 추억처럼 냉이가 돋아나고 저만치 밭둑에선 은숙이 닮은 꽃나무가 하얗게 웃고 있었다.

'새' 봄

세월호가 목포 신항에 도착했다는 소식을 듣고 여의도 벚꽃을 보러 갔다. 많은 사람들이 꽃나무 아래로 흘러가고 있었다. 그런데 정지된 화면처럼 카메라에 눈을 대고 있는 여자가 보였다. 뒷모습이 친구를 닮아 있었다.

친구는 야생화 사진작가로 나도 그녀와 동행한 적이 있다. 친구는 복수초를 찍느라 몇 시간이고 눈밭에 엎드려 있었다.

나는 그때 맨몸으로 얼음을 뚫고 나오는 꽃을 보다. 눈 위로 목만 내놓은 꽃이 안쓰러워 살살 눈을 쓸어주니 가늘고 여린 줄기가 나왔다. 그런데 줄기 밑이 동그랗게 녹아있는 게 아닌가? 얼마나 안간힘을 썼는지 줄기에서 김이 오르는 것 같았다.

봄을 데려오는 건 나무에서 피는 산수유나 목련이 아니었다. 온몸으로 땅을 밀고 올라오는 맨바닥의 꽃들이었다.

다시 복수초를 볼 기회가 있었다. 지난 3월 이름이 좋아 무조건 배를 타고 찾아간 서해의 작은 섬 풍도! 그 섬은 60가구 남짓한 작은 섬이었다.

야생화의 천국으로 소문난 언덕 기슭엔 벌써 많은 사람들이 카메라를 들고 꽃 앞에 엎드려 있었다.

복수초는 바다를 헤엄쳐 섬으로 올라온 아이들 같았다. 불러도 대답 없던 아이들이 옹기종기 피어있었다. 바다는 서로 통하니 어딘들 못 오겠는가. 나는 손가락을 노란 꽃잎에 살며시 대어보았다. 꽃은 고개를 끄덕이며 밝게 웃었다. 마치 나를 위로하려는 듯.

이제 세월호도 3년 만에 바닥을 치고 육지로 올라왔다. 가슴에 리본을 달고 촛불을 들었던 혹독한 겨울도 지나고 있다. 봄은 언제나 새봄이다. 가을 겨울 여름엔 없는 '새' 자가 붙은 봄이다.

누가 봄을 데려오나

나무가
봄을 데려오나

꽃이
봄을 데려오나

아니, 아니야

바닥에
풀들이 데려오지

흰 눈
녹이고

나무랑 꽃을
깨워주는

엄마 같은
풀들이 데려오지.

잘린 도라지

　여섯 시간을 날아 도착한 카자흐스탄은 미지의 나라였다. 언어도 러시아어나 카자흐어를 쓰고 70%가 이슬람교도인 나라. 130여 다민족국가로 고려인의 후손은 약 10만 명 정도라고 한다.
　21세기를 사는 나도 생소한데 우리 조상은 어찌 여기까지 흘러온 걸까. 나는 고려인 최초 정착지인 우슈토베로 갔다. 그곳은 구수도인 알마티에서 버스로 5시간 정도의 거리에 있다. 하늘과 황무지밖에 없는 곳. 그곳엔 조상들의 무덤이 남아있다. 누가 알았겠는가. 이곳에 뼈를 묻게 될지.

 극심한 허기와 탐관오리의 수탈, 그리고 항일을 위해 연해주로 넘어간 우리 조상들은 이민자였다. 연해주에서 인종차별 등 온갖 고생 끝에 농사에 성공, 삭막한 연해주를 옥토로 바꾸었다. 그리고 점점 번성해 학생 수는 2만 5,000명에 달했고 신문사와 조선인 잡지도 발간했다. 당시 이민자 중 가장 풍족한 삶을 누렸으나 그것도 잠시, 70년의 공든 탑이 무너졌다.

 1937년 스탈린의 소수 민족 분산정책으로 지식인들이 무차별 총살 당하고, 17만여 명의 조상들은 영문도 모른 채 시베리아 횡단 열차에 태워져 중앙아시아 여러 나라로 강제 이주된다. 난방이 안 되는 화물열차에서 한 달을 견디는 동안 산모, 어린아이, 노인이 차례로 죽어 나갔다. 그렇게 도착한 곳이 눈보라 몰아치는 허허벌판 우슈토베! 상상 불가능한 곳에 가축처럼 버려진 그들! 그들은 또다시 이민자가 되었으나 불굴의 의지로 토굴을 파서 가지고 간 볍씨를 심었다. 이민자의 절반이 죽어 나가는 사투 끝에 중앙아시아 황무지는 젖과 꿀이 흐르는 옥토로 변했다.

 그곳에서 2세대 할아버지(79세) 집을 방문했다. 살림은 풍족해 보였고 자식들은 타민족과 결혼해 도시에서 살고 있었다. 그곳에서 나고 자란 후세들에게 조국이란 어떤 의미일까?

 우슈토베의 중앙공원에는 〈떨어져 나간 사람들〉이란 조각이 있다. 그들의 소원은 남북통일이다. 이주 150주년이었던 2012년 고려인 후손들은 자동차로 유라시아를 횡단, 러시아 국경을 넘어 북한과 남한을 이어 달리는 데 성공했다.

 국경을 넘어간 키르기스스탄 바닷가에서였다. 우리에게 달려와 〈도라지〉를 부른 여인은 고려인 3세 알비나였다. 우리는 얼싸안고 계속 노래를 불렀다. 그녀의 도라지는 허리가 잘려 있었다. 도라지 도라지 백도라지 심심산천에 백도라지. 여기까지가 전부였다.

쓰레기에 뜬 별

 서울 염창동(鹽倉洞)엔 소금길이 있다. 이곳은 서울 제일의 우범지역으로 낙인찍혔던 동네다. 그러나 주민들이 합심해 벽화를 그리고 꽃을 심고 운동기구를 설치했다. 사고 현장을 알리기 위해 전봇대에 번호를 붙이고 주민을 위해 24시간 문을 열어두는 집도 있었다. 그 후 범죄는 줄어들고 벽화마을로 소문나 사람들이 붐비는 새로운 명소가 되었다. 하지만 지금은 재개발지역으로 철거 중이다. 나는 명소의 마지막을 함께하려고 그곳을 찾았다.

 마을은 이미 시멘트 더미로 변해 있었다. 골조만 남은 집들은 음산했고 까마귀 소리에 소름이 돋았다. 하룻밤 꿈처럼 사라진 마을! 나는 내 발소리에 놀라며 조심스레 폐허 속으로 걸어 들어갔다.

 반쯤 부서진 집과 집 사이 골목엔 쓰레기로 가득했다. 녹슨 자전거, 스티로폼, 아이스박스, 깨진 유리 창문, 비닐우산 등이 무참하게 버려진 골목은 세상의 종말을 연상하게 했다. 섬찟한 느낌에 돌아보니 고양이가 담벼락에서 뛰어내리고 있었다.

 나는 골목 벽에 붙어있는 글을 보았다. "여기 골목에 아직 사람이 살고 있어요. 제발 쓰레기를 버리지 말아주세요!" 다시 보니 별이 보였다. 쓰레기란 단어에 밑줄을 치고 별을 달아준 것이다. 그는 머리에 띠를 두르거나 욕설을 하는 대신 펜을 쥐고 간절하게 별을 그렸을 것이다.

아직 떠나지 못한 사람들은 어떤 사람들일까? 밤이면 얼마나 무서웠을까? 종이에 별을 그린다고 세상이 바뀌는 건 아니지만 별은 내 가슴에 들어와 깜박이다 점점 밝게 타올랐다.

내려오는 길에 사람 목소리를 들었다. 무인도에서 사람을 만난 듯 반가웠다. 노부부가 내리막길에서 폐지 실은 리어카에 매달려 숨을 고르고 있었다. 도와주려 하자 할머니는 손을 저으며 웃었다. 한 개 남은 앞니가 쓰레기에 붙은 별처럼 눈물겹게 반짝였다.

벌레 먹은 나뭇잎

내가 푸른 잎이었을 때
벌레가 말했지
먹을 걸 좀 주겠니?
내 몸엔 구멍이 숭숭 뚫렸어

가을 되어 땅에 뒹굴 때
한 아이
구멍에 눈을 대고 말했지
와! 하늘이 보이네
남산 타워도!
넌 이제부터 창문 달린 낙엽이야

아이는 나를 책 속에 넣어주었어
나는 벌레처럼 바스락거리며
따스한 책 속으로
기어들어 갔던 거야

섬진강의 봄

　이른 봄날 남쪽으로 달리는 기차를 타면 흥겹고도 서러운 남도창이 들려온다. 눈이 멀어서야 득음하는 소리꾼 같은 봄, 아픔 없는 봄은 없다. 섬진강을 찾아가는 길, 아지랑이에서도 몸살을 앓아낸 몽롱함이 느껴졌다.
　나는 꿈꾸었다. 섬진강에 가면 은빛 모래밭에 앉아 강물 노래를 들으리라고. 그러나 설레며 달려간 곡성엔 섬진강이 없었다. 그래서 다시 증기기관차를 타고 가정역으로 갔다. 그러나 환상은 무참히 깨졌다. 구름

다리 아래로 거세게 흐르는 황톳빛 강물! 강가엔 접근금지였다. 섬진강은 225km의 긴 강인데 장마철이나 지형적인 상황을 고려하지 않고 무조건 달려왔으니 누굴 원망하겠는가?

나는 도둑고양이처럼 두리번거리며 남의 밭으로 들어가 강 쪽으로 최대한 가까이 다가갔다. 반갑게도 홍매화 몇 그루가 피어있었다. 겨울 강바람을 견딘 꽃봉오리는 상처의 딱지처럼 단단했다. 강가엔 백로가 수상쩍은 눈으로 나를 보고 있었다. 나는 웃음이 났다. 먼 길을 달려와 남의 밭고랑에 쭈그리고 앉아 이게 무슨 꼴인가? 나는 내가 쓴 시 〈누워 우는 돌〉을 강에게 들려주었다.

돌아오는 길엔 비가 내렸고 단체로 놀러 온 할머니들이 차가 떠나가라 노래하며 춤추기 시작했다. 이방인은 나 하나뿐. 구석 자리에 앉아 할머니들을 바라보니 방금 본 매화나무가 떠올랐다. 그 나무도 모진 세월, 줄줄이 자식 키워 내고 벼르고 별러 한번 놀아보자고 꽃봉오리 머금고 강가에 서 있었는지도 모른다.

할머니들은 이제 가면 언제 오냐는 듯 춤추랴 노래하랴 목에 핏줄이 선다. 자글자글한 얼굴을 보니 소설을 써도 몇 권은 쓸 거라던 엄마 말이 생각났다.

기차가 멈추자 할머니들은 조용해졌다. 〈굳세어라 금순아〉도 끝났다. 할머니가 내 손을 잡고 말했다 "우리가 만날 일만 허다가 나와서 빨리 놀아 부려야 혀서 시끄러웠응께 이해하소 잉!" 할머니도 굽이굽이 내게로 흘러온 섬진강이었다.

누워 우는 돌

바람이 꽃나무를 밀고 가는 섬진강변
강물은 제 줄기 따라가기 바쁘고
물가엔 수많은 돌들이
몸 비비며 자갈자갈 물소리를 낸다

때론 설핏 젖기도 하지만
이내 휘돌아가는 그리운 물비린내
곁에 누워서도 몸 담그지 못하는
둥글거나 모나거나 깨어진 돌멩이들

가지 떠난 매화 꽃잎
자갈밭 뒤채어 강으로 갈 때
작은 돌 하나 힘껏 강물에 풀어준다.

강물도 우는 것일까 풍덩!
가다가 멈추어 흔들, 제 몸을 추스를 때

노을빛 치마,
하피첩을 만나다

    정약용 선생의 하피첩을 보러갔다. 하피첩은 선생 고향인 남양주 능내리 생가 근처 실학박물관에 전시되어 있었다.

    정약용은 조선이 낳은 천재다. 22세에 과거에 급제하여 관리들의 부정부패를 쇄신하려 했지만 정조의 죽음과 함께 신유사옥이라는 사건에 휘말려 정치적 생명도 끝이 난다. 당시 탄압받던 천주교 신자라는 죄명으로 큰형과 매부는 사형당하고 둘째 형은 흑산도로 유배되어 죽는다. 자신도 18년 동안 강진으로 귀양 가면서 집안은 폐족이 된다. 그의 자식 아홉 중 여섯이 병으로 죽고 아들 둘과 딸 하나만 남는다.

    그가 귀양살이할 때 아내는 예식 때 입었던 빛바랜 다홍치마를 귀양지로 보내온다. 정약용은 치마를 잘라 소책자 4권을 만들어 아들에게 보낸다. 아비가 곁에 없어도, 폐족이 되어 벼슬을 못 해도, 꿋꿋하게 살라는 교훈을 적은 글이다. 시집가는 딸에게 보낸 〈매조도〉도 있었다. 매화나무에 앉아있는 새 두 마리와 딸의 행복을 비는 시를 적은 것이다. 헤어질 때 딸은 8살! 그림을 그리는 심정이 오죽했겠는가?

하피첩의 운명도 기구했다. 자손들이 간직해오다 6.25 때 행방불명된다. 그러나 전란 속에서도 극적으로 살아남아 결국 우리에게 돌아온다. 폐지 리어카에서 3권이 발견되어 2014년 KBS 진품명품에 나온 것이다. 감정가는 일억 원. 그 후 7억 5,000만원으로 국립민속박물관에 낙찰되었다. 그리고 노을빛 치마는 보물이 되었다.

왜 나쁜 사람은 복을 받아 잘살고 선량한 사람은 못사는가? 그렇다면 착하게 살 이유가 무엇인가? 하피첩에 해답이 있다. "화와 복의 이치는 옛사람도 의심한 지 오래되었다. 충신과 효자가 반드시 화를 면하는 것도 아니며 악하고 방종한 자가 반드시 박복한 것도 아니다. 그래도 선을 행하는 것이 복을 받는 것이라 믿고 군자는 힘껏 선을 행할 뿐이다."

정약용은 사후에 한국 최대의 실학자가 되었고 죽은 지 74년 만에 문도공이란 시호를 받는다. 그가 수원에 건축한 화성은 유네스코 세계문화유산에 등재되었으며 귀양지에서 쓴 『목민심서』는 베트남의 호치민이 가슴에 품고 다녔다.

그는 평생 청렴하게 살았으며 자신보다 백성이 잘사는 나라를 꿈꾸다 죽었다. 그의 자식들도 훗날 당당하게 벼슬길에 올랐다. 그는 영원히 복 받는 비밀을 알고 있었다.

그녀가 나에게 준 것

눈 내리는 밤 기특이를 운전하고 있을 때였다. 모퉁이를 도는 순간 바퀴가 덜렁 들렸다. 정신을 차려보니 기특이가 중앙선을 넘어 바위산에 머리를 들이박고 있었다. 얼음에 미끄러진 것이다.

안경도 모자도 벗겨져 나가고 없었다. 열린 문틈으로 겨우 빠져나와 보니 앞범퍼가 주저앉아 있었다. 다행히 시동은 걸렸지만 내리막이라 한 발 나가면 두 발 미끄러져 내렸다. 그때 나를 향해 달려오는 헤드라이트 불빛! 나는 잠에서 깼다.

예전의 사고가 꿈에서 재현된 것이다. 꿈치고는 너무 생생했다. 기특이가 나와의 추억을 그리며 다녀간 걸까?

기특이는 나의 첫 차였다. 12년 동안 붙어 다닌 기특이! 내가 방황할 때 기특이는 어디든 데려다 주었다. 차 안에서 먹고 자고 음악을 듣고 빗소리를 들었다. 울기도 하고 같이 사고로 죽을 뻔도 했다. 기계도 때론 개나 고양이처럼 마음이 통한다.

기특이는 큰 차에 묶여 폐차장으로 끌려갔다. 커브를 돌자 눈물이 쏟아졌다. 기특이 몸뚱어리가 부서질 걸 생각하니 밥이 넘어가지 않았다. 새 차를 사고도 통 정이 가지 않았다. 오랫동안 길에서 회색빛 엑셀 차를 보면 번호판부터 봤다. 기특이의 번호는 4746이었다.

나를 정말 좋아하던 친구가 있었다. 그녀는 나를 맹목적으로 믿고 자랑스럽게 여겼다. 글을 쓰는 게 벼슬도 아닌데 사람들에게 자랑을 해 짜증을 낸 적도 많았다.

이혼녀인 그녀는 모든 걸 내게 말했다. 삶이 구차할수록 이야기는 길어졌다. 생일도 챙겨주지 않으면 삐지고 그녀의 엄마가 아파도 내가 가야했다. 그녀는 나를 언니처럼 생각했다. 나는 하루에도 몇 번씩 전화하는 그녀가 귀찮아졌다. 그래서 슬슬 피하기 시작했을 때 그녀는 폐암으로 6개월 만에 저세상으로 갔다.

그녀가 떠나자 나는 알게 되었다. 잃어버린 게 무언지! 나를 진심으로 자랑스러워하던, 세상에 하나뿐인 사람이 사라진 것이다.

기특이가 꿈속으로 온 것처럼 친구도 와주면 좋겠다. 난 친구를 안고 말할 것이다. "나를 자랑스럽게 생각해줘서 고마워!"

텅 빈 방이 웃었다

 필리핀 세부의 막탄섬은 휴양지다. 아무 준비 없이 가리라 다짐했지만 끝내 인터넷을 뒤지게 되었다. 소매치기 많고 자존심이 뻔뻔스러울 정도로 강하며 돈이 생기면 다 떨어질 때까지 놀다 배가 고파야 일을 하는… 아무 생각 없는 민족인데 행복지수가 높다고? 미래 걱정 없이 산다고? 대체 그게 가능한 일인가!
 사실 필리핀의 자연은 환상적이지만 거리의 분위기는 공포 자체다. 총기 소지가 가능하며 마약과의 전쟁이 벌어지는 나라. 호텔마다 차량이 통제되고 커다란 개가 마약을 찾아 킁킁거리는 곳이다. 밤엔 사방이 캄캄하

다. 전기료가 비싸 냉장고를 주어도 쓸 수가 없다. 그러나 무엇보다 여행다운 여행은 현지인을 만나는 것. 나는 위험을 무릅쓰고 골목길로 들어갔다.

골목 풍경은 우리나라 60년대 사진 속 같았다. 길가엔 쓰레기가 쌓이고 방 하나에 한 가족씩 사는 집들이 붙어있었다. 개들이 어슬렁거리고 닭장 옆에서는 아이 둘이 소꿉놀이를 하고 있었다. 그 천진한 모습에 미소 짓는데 한 남자가 손짓을 했다. 그는 쌓아놓은 나무에 걸터앉아 커피를 마시고 있었다. 매일 모닝커피를 마신다는 그의 눈빛은 맑고 선했다. 이야기 소리가 들리자 집집마다 아이들이 얼굴을 내밀었다. 여기선 아이를 12명까지도 낳는다고 한다. 다산을 천주교 신자의 축복으로 여기기 때문.

나는 마당에 놓인 과일 바구니를 보았다. 과일은 아보카도였다. 살 수 있냐고 묻자 저울에 달아 1달러에 4개를 주었다. 그리고는 설탕 봉지를 흔들었다. 설탕을 뿌려 먹으라는 뜻이다. 그때 아이들이 공을 가지고 우르르 몰려와 벽에 붙은 골대에 넣기 시작했다. 필리핀은 집집마다 골대가 있고 공터마다 농구하는 아이들로 넘쳐난다. 떠들썩한 아이들 소리가 가난하고 살벌한 나라를 일시에 무장해제시킨다.

필리핀 사람들은 잘 웃는다. 화장실 청소하다 춤을 추고 우리가 탄 배를 끌고 가다 돌아보며 엄지를 치켜든다. 고등학교까지 의무교육이지만 가지 않는 아이가 훨씬 많다. 배는 고파도 놀며 산다.

나는 커피를 다 마신 남자에게 말했다. "이곳은 참 평화로워 보이네요." "It's true!" 그의 대답은 명쾌했다. 장롱 없이 옷을 빨랫줄에 널어놓고 사는 사람들. 들풀처럼 밖에 앉아 나를 구경하는 사람들. 방안을 보니 텅 빈 방이 웃었다. 복잡한 나를 보고.

포탄에 꽃을 꽂아주다

〈권태응 어린이 시인학교〉가 충청도 농촌 마을에서 열렸다. 나는 선생 자격으로 '소리지도 만들기' 프로그램에 참여했다. 도시아이들에게 시골에서 들려오는 소리를 듣게 해 오감을 열어주는 프로그램이었다.

저녁 식사 후 어두워진 마을 길을 아이들과 걸어가고 있을 때였다. 펑! 펑! 고막이 터질 것 같은 소리가 산을 뒤흔들었고 놀란 아이들이 달려왔다. 나는 타이어 터지는 소리라고 둘러댔지만 소리는 간헐적으로 들려왔다.

알아보니 그건 과수원에서 새 쫓는 대포 소리였다. 요즘 시골에선 그 소리 때문에 이웃과 싸움이 나고 대포 소리를 금지해 달라는 민원이 쌓인다고 한다. 같은 문제로 캐나다에선 '대포 소리 금지'라는 피켓을 들고 데모도 한다니, 이건 또 다른 전쟁이다.

지금이나 예전이나 새는 있었고, 새도 먹고 살아야 함에는 변함이 없다. 그러나 인간은 계속 신무기를 만들어 낸다. 이웃 사람이 불안에 떨든 귀마개를 하든 깊이 생각할 겨를이 없다. 허수아비를 세우고 깡통을 매달던 시절에 우리 조상은 노래로 새들을 쫓았다. "새야 새야 파랑새야/ 녹두밭에 앉지마라.// 녹두꽃이 떨어지면/ 청포장수 울고 간다." 그때는 여유와 해학이 있었다. 새들 역시 지금처럼 영악진 않았던 듯하다. 미움도 상대적이니까.

아이들이 쓴 글 속엔 귀뚤귀뚤, 개굴개굴, 그리고 펑!펑!도 들어 있었다. 유구무언이었다.

경기도 화성군의 매향리는 6.25 때부터 미군의 폭격훈련장이었다. 전투기가 지붕 위를 날며 55년 동안 하루에 11시간씩 기총 사격을 하고 폭탄을 투하해 많은 사람들이 우울증으로 자살을 시도한 곳이다. 그곳에 쌓인 포탄 더미와 탄피의 잔해는 끔찍했다.

농촌의 대포 소리는 끝나지 않은 전쟁을 상기시켰다. 싸우지 않고 잠든 날이 지구상에 얼마나 될까? 벌써 휴전 67년째다. 아이들 책에서 보았다. 평화란 전쟁을 하지 않는 것. 폭탄을 떨어뜨리지 않는 것. 그래서 내가 태어나기 잘했다고 생각하는 것이다.

매향리에서 미군이 철수한 지 11년. 폭음이 가득했던 그곳에 국내 최고 시설의 유소년 야구장과 평화생태공원이 조성되고 갯벌도 살아나고 있다. 나는 포탄 더미에 꽃을 꽂아주었다. 전쟁의 마침표처럼.

개나리 피는 응봉산

　만약 당신이 꽃피는 4월, 눈부신 봄볕에 가던 길을 멈추고 고개를 들었다면, 회색빛 건물 사이로 어릴 때 놀던 동산이 보였다면, 산꼭대기 정자가 보이고 산허리를 휘감아 오르는 개나리랑 눈이 마주쳤다면, 당신도 슬그머니 산을 향해 걸음을 옮겼으리라. 그렇게 찾아간 산이 응봉산이다.

　응봉산은 응봉역 근처 81m의 낮은 산이다. 산허리까지 아파트와 집들이 따개비처럼 붙어있어 산봉오리는 마치 마을의 숨통처럼 보인다. 개나리에 뒤덮인 응봉산은 공기마저 노랗게 물든 것 같았다. 나는 정자에 앉아 산 아래를 내려다보았다. 성수대교, 동호대교엔 수많은 자동차들이 쉴 새 없이 달려 눈이 빙빙 돌 정도였다. 강남의 고층 아파트와 123층 롯데월드타워는 황사 속 희미한 실루엣을 드러내고 끝없는 소음, 응급차 소리와 공사장에서 울려오는 굉음이 고막을 흔들었다.

　응봉산은 조선 태조 이성계부터 성종 대까지 매사냥을 즐긴 곳이라고 한다. 그땐 얼마나 고요했을까? 매 한 마리 푸드득거리며 날아가는 소리가 산을 흔들었으리라.

어렸을 때 캄캄한 마당에 쏟아지던 달빛을 기억한다. 달빛 밟고 오던 엄마의 발소리로부터 나는 얼마나 멀리 온 걸까? 그건 순식간이었다. 라디오가 흑백 TV로, 컬러 TV로, 컴퓨터로, 아이폰으로 전기자동차로 변해온 시간은! 인간의 욕망엔 브레이크가 없다. 가속 페달만이 있을 뿐.

인공지능 알파고랑 이세돌의 바둑대국이 있었다. 사람과 기계의 두뇌 싸움. 5판을 두어 이세돌이 한 판을 이겼다. 이제 걸음마를 시작한 인공지능은 어디까지 발전할지 모른다.

인류의 생존이 시작된 후 지구에 가장 해악을 끼친 건 인간이다. 그 인간을 50년쯤 후엔 기계가 제거해 버릴지도 모른다고 한다. 인공지능이 스스로 진화한다면 로봇의 눈에 인간은 개나 돼지처럼 보일 것이다. 먹지도 자지도 죽지도 않는 전능한 그들이기에.

응봉산에 올라 내가 사는 세상을 내려다보았다. 어쩌면 꽃피는 응봉산은 이세돌이고 응봉산을 둘러싼 저 아래 거대한 문명은 인공지능의 알파고가 아닐까?

망우리 공원의 비문

잘못을 인정하고 진심으로 용서를 구하기는 어렵다. 그런데 전 세계 사람들 앞에서 쏟아지는 비를 맞으며 무릎을 꿇은 사람이 있다. 그는 독일 4대 총리 빌리 브란트다. 그는 폴란드 바르샤바에서 나치에 희생된 수많은 영령에게 참배하던 중 무명용사의 비석 앞에서 무릎을 꿇고 울었다. 그는 말한다. "나는 인간이 말로써 표현할 수 없을 때 할 수 있는 행동을 했을 뿐이다."

며칠 전 문학인들 주선으로 망우리공원에 갔다. 망우리는 1933년 일제시대에 조성된 공동묘지였지만 지금은 시민 공원으로 탈바꿈하여 삶과 죽음을 성찰하는 인문학적 공간으로 태어나고 있다.

묘지에는 각각의 비문이 있었다. 이중섭은 화가로, 방정환은 아동문학가로, 한용운은 독립운동가와 시인으로, 지석영은 국어학자로, 조봉암 선생은 정치인으로, 박인환의 비문엔 「목마와 숙녀」가 새겨져 있었다. 결국 살아생전에 한 일이 비문이 되는 것이다.

무덤 중엔 놀랍게도 일본인 무덤이 있었다. 이름은 아사카와 다쿠미

(淺川巧). 그의 비문은 이랬다. "한국의 산과 민예를 사랑하고 한국인의 마음속에 살다간 일본인 여기 한국의 흙이 되다"

이 사람은 일제총독부 임업연구소 직원이었다. 일본의 목재 수탈로 황폐해진 조선의 산을 푸르게 만드는 '오엽송 노천매장법'이라는 양묘법을 개발했으며 경기도 광릉의 수목원도 그가 시작한 일의 결실이었다. 그는 한복에 망건을 쓰고 다니며 봉급을 쪼개 조선 아이들을 공부시켰다. 특히 조선 문화가 중국의 아류라고 주장하는 일본인들에게 '조선의 소반'이라는 책을 써 조선 문화의 독자성을 변론했고 조선인에게 용기를 주었다. "피곤에 지쳐 있는 조선이여, 다른 사람 흉내를 내기보다 갖고 있는 중요한 것을 잃지 않으면 멀지 않아 자신에 찬 날이 올 것이다." 뿐만 아니라 그의 노력으로 1924년 조선민족미술관이 건립되었다. 그는 지식인으로서 조선 문화의 말살을 진정 염려한 것이다.

그는 수탈에 시달리는 백성들을 차마 볼 수 없어 몇 번이나 고향에 돌아가려고 했었다. 그는 유언대로 조선의 흙이 되었다. 장례식 날은 비가 쏟아지는데도 조선 사람들로 길이 막혔으며 서로 상여를 메겠다고 다퉈 이장이 구간별로 나누어 메게 했다고 한다.

한국의 흙이 된 일본인! 그도 독일 총리처럼 인간이 말로서 표현할 수 없을 때 할 수 있는 행동을 한 것이다.

숙제

꽃은
진딧물이랑 살아라

배추는
배추벌레랑 살아라

소나무는
송충이랑 살아라

바위는
이끼랑 살아라

잘 살아라

2부

사람에게로 가는 길

사람에게로 가는 길

영화 〈히말라야〉를 봤다. 내내 눈물이 흘러내렸고 끝난 후에도 영화 속 남자가 머리에서 떠나지 않았다.

〈히말라야〉는 실화다. 엄홍길 대장과 박무택이라는 사람이 주인 공임에도 불구하고 내게 오롯이 남은 사람은 박정복! 그는 히말라야 8,750m에서 조난당한 친구를 찾아 아무도 가지 않는 길을 홀로 갔다. 눈보라와 강풍이 몰아치는 영하 40℃의 밤, 히말라야를 오르는 건 자살행위였지만 그는 망설이지 않았다.

밤새워 걸어간 다음 날 새벽, 로프에 매달려 절벽에 얼어붙어 있는 친구를 만난다. 친구는 죽을힘을 다해 눈을 뜨고 친구를 보았으리라. 순간 그는 행복하지 않았을까? 두 사람은 에베레스트에서 함께 죽었다. 그리고 지금도 함께 살고 있을 것이다.

그날 사람들은 박정복을 말렸다. 그곳은 신의 영역이라고. 그러나 박정복은 오직 사람을 향해 올라갔다.

식민지를 배경으로 한 다큐 영화가 있다. 하루 한 끼 학교 급식이 전

부인 아이들이 천막 친 식당 앞에 모여 있었다. 윗옷도 없이 갈비뼈 앙상한 아이들이 종 치기만 기다리는데 저만치 목발 짚은 아이가 언덕을 올라오고 있었다. 아이들은 일제히 그 친구를 향해 달려갔다. 흙길에 먼지가 뽀얗게 일어났다.

아이는 발목이 부러져 입원했던 친구였다. 아이들은 달려가 친구를 열십자로 묶은 나무판자에 올려놓고 헹가래를 치며 돌아오고 있었다. 아픈 아이 얼굴에 웃음꽃이 피어났다. 그때였다. 식당에서 댕그랑 댕그랑 종이 울린 건.

아이들은 모든 걸 잊었다. 나무판자를 집어던지고 모두 식당으로 달려갔다. 아픈 아이는 순식간에 바닥에 나동그라진다. 아이는 일어나지도 못하고 누워있었다. 그때 아이를 일으키는 아이가 있었다. 얼굴에 허옇게 버짐 핀 아이는 아픈 아이를 부축해 식당 반대편, 언덕 넘어 병원 쪽으로 걸어갔다.

아무도 가지 않는 길은 고독하지만 그 발자국을 따라 또 누군가 걸어간다. 엄홍길 대장은 지금 히말라야 아이들에게 학교를 지어주고 있다. 22년간 38번 히말라야를 오르고 세계 최초 16좌 등정에 성공한 그. 평생 산만 바라보았던 그가 이제 사람을 향해 걸어가고 있다.

반딧불이

밤길을 날아가요

이마에 불을 켜면
앞이 환할 텐데

옆구리에 불을 켜면
옆이 환할 텐데

꽁무니에 불을 켜고
반짝반짝 날아가요

지나온 길 환하라고

살아있어 천만다행

내가 나에게 보낸 편지를 받았다. 일 년 전 회사 연수 때였다. 〈이 순간이 마지막이라면〉이라는 프로그램에서 가족에게 편지를 쓰고 관 속에 들어가 죽음을 체험했다.

조명을 낮추고 음악이 흐르자 분위기는 일시에 숙연해졌다. 편지를 쓰며 흐느끼는 소리가 여기저기서 들려왔다. 전쟁과 재난, 질병 속에 수많은 사람들이 죽어가도 나와는 별개였던 죽음이 코앞에 다가와 있었다. 남은 시간 10분! 삶 속에선 모두 남의 탓이지만 죽음 앞에선 모두 내 탓이었다. 나는 자주 화를 냈으며 상대방의 단점만 보았다. 이제 죽을 시간이었다. 나는 편지지에 한 줄 급히 썼다. "금래야 웃어!"

관에 못을 박기 전엔 몰랐다. 얼마나 오랫동안 소중한 시간을 허비했는지! 바보처럼 살아왔는지! 나는 그날 땅속 어둠을 맛보았다.

그날 이후 나는 변했다. 아침마다 '만세기도'를 하게 된 것이다. 떠오르는 태양을 바라보며 배꼽이 보이도록 두 팔을 높이 쳐들고 힘껏 만세를 부르는 것. 가족 이름을 차례로 부르며 "만세!"를 외친 다음, 오늘

병원에서 고통받는 사람들을 위해 "만세!" 또는 지진이 난 네팔을 위해 "만세!" 바이러스야 물러가라 "만세!" 남북통일을 위해 "만세! 만세!" 이런 식으로 한 30번 정도 하다 보면 땀도 나고 기분도 개운해진다.

집이 서쪽이라 해를 볼 수 없는 친구 대신 만세기도를 해준 적 있다. 기도 덕분인지 90세 노모의 꼬리뼈가 빠르게 붙어서 밥까지 얻어먹었다. 밥이 생기는 만세기도. 처음엔 쑥스러워도 어떤 기도보다 재미있다.

"금래야 웃어!"라는 편지를 받은 후 계속 편지를 쓰고 싶어졌다. 그래서 느림보 우체국을 검색한 후 실비 내리는 날 조계사 앞 우체통을 찾아갔다. 손편지가 골동품이 된 요즈음, 우체통은 그리운 이처럼 애틋했다. 우체통에 편지를 넣고 돌아서니 일 년을 저금한 기분! 내년이면 편지를 받게 되고 웃을 일은 많아질 것이다.

돌아오는 길에 반짝 해가 났다. 덩굴장미가 바닥에 흩어지기 전 빗방울을 매달고 화사하게 웃고 있었다. 다시 보니 장미도 일 년에 한 번 배달되는 편지였다. 꽃처럼 향기롭게 살라는 하느님 편지였다. 오늘도 살아있어 천만다행한 날이었다.

편지

우편함에
봉투꼬리

누굴까?

살며시
잡아당기니

푸득푸득

종달새 되어
날아온 너

따뜻한 골목,
그 기억 속으로

신림동에서 후배를 만나기로 했다. 신림동 하면 친정집이 보인다. 나는 불현듯 옛집이 그리워졌다.

후배와 만난 곳은 신림동 유명 순대촌, 건물 전체가 순대만 파는 곳이다. 대학 근처라 그런지 푸짐하고 먹을 만했다. 후배는 아들 셋을 키우며 올해 대학원까지 졸업한 주부다. 나이는 32살. 나도 그녀 나이 때까지 신림동에서 살았었다. 그녀와 백순대를 깻잎에 싸먹으며 졸업 축하주를 한잔하고 헤어졌다.

나는 옛집에 가보기로 했다. 가슴이 두근거렸다. 길가에 낯익은 철물점을 발견했다. 오래된 슈퍼도 보였다. 처녀 적 하이힐을 신고 밤늦게 또각거리며 걸어가던 이 길. 저만치 엄마가 기다리던 가로등도 보였다. 우리 집이 있던 골목길은 여전했다. 엄마는 돌아가실 때까지 여기 사셨다. 자식에게 짐 될까 수의도 손수 해놓고 영정사진도 걸어놓고 혼자 사셨다. 나는 바쁘다는 핑계로 자주 와보지 못했다. 그게 뼈아프게 후회스럽다.

나는 우리 집 앞을 반복해서 오고 갔다. 오긴 왔지만 들어갈 집은 없는 골목. 우리 집 문밖엔 플라스틱 화분이 나와 있었다. 봄을 기다리는 빈 화분들. 이제 예쁜 꽃이 심어지겠지.

골목엔 예전부터 화분이 많았다. 금 간 항아리도 골목길에 앉아 호박을 매달고 아기 목욕통도 풋고추를 자랑하곤 했다. 저녁이면 된장찌개 냄새에 아이들 소리 시끄럽던 골목길. 지금은 집집마다 문이 닫혀 있다.

사람들에게 물어본 적 있다. 과거로 돌아가고 싶냐고? 대부분은 선뜻 대답을 못 한다. 입시경쟁, 스펙경쟁, 청년실업 등 청춘들이 치러야 할 많은 관문들, 결혼하고 아이 낳아 키우고 병들어 늙어가는 것, 인생은 그리 만만치 않다. 엄마도 미련 두지 않을 것이다. 사는 동안 열심히 사셨으니.

엄마는 사람을 좋아해 골목에 자리 깔고 전을 부쳐 이웃이랑 나누어 먹었다. 꿈속에서도 가끔 보이는 골목. 난 미소 지으며 돌아섰다. 저만치 눈에 익은 놀이터가 보였다. 나는 엄마에게 안기듯 그네에 앉았다. 그리고 흔들, 발을 굴러 보았다.

씨앗

꽃이
꽃을

버리고 얻는

꿈

모란카페에서
만난 그녀

 12월은 길모퉁이를 닮았다. 모퉁이를 돌아보는 눈빛은 쓸쓸하고 다정하다. 길엔 라일락이 피고, 눈이 내리고, 그리운 사람이 서있기도 하니까.

 시의 진정성에 대해 말해준 여인이 있다. 그녀를 만난 건 몽마르트르 공원에서였다. 국립중앙도서관에 들렸다가 산책 삼아 공원으로 올라가는데 노랫소리가 들렸다. 샹송이었다. 풍부한 성량과 고음에서 뿜어져 나오는 독특한 에너지가 숲을 물들이고 있었다. 그는 프로가 분명했다.

 공원 모퉁이 벤치에 그녀는 앉아 있었다. 추운 날씨임에도 긴 치마에 숄 하나를 걸친 그녀는 집시 같았다. 나뭇가지엔 '모란카페'라고 쓴 종이, 의자 위엔 커피포트가, 옆엔 촛불이 흔들리고 있었다. 그녀는 눈을 감고 아다모의 〈눈이 내리네〉를 열창했다. 노래는 촛농처럼 뜨겁게 흘러 내 안에 고였다.

 그녀는 눈을 뜨고 말했다. "사람들 눈을 보면 떨려서요." 나는 놀랐다. 가수인 줄 알았는데 유튜브를 통해 혼자 샹송을 배웠단다. 발음을 수천 번 듣고 한글로 써서 외운다고. 그리고 녹음해 수백 번을 듣는다고 했다. 들으면 들을수록 자신이 보인단다. 고음에서 교만한 마음이 드러날 때가 가장 슬프다고.

내가 시를 쓴다고 하자 그녀는 "시 쓰는 일은 진심을 찾아가는 여행이지요."라고 했다. 심히 부끄러웠다. 그녀는 중병으로 일을 그만두고 강원도 문막에 방을 얻어 살다 지금은 거리를 배회하며 샹송을 부른다고 했다. 세상을 놓아버리려 할 때 라디오에서 흘러나오는 샹송을 듣고 일어났단다. 죽을 때 후회할 것 같아서.

거리에서 노래하는 것처럼 힘든 일은 없단다. 이리저리 쫓겨 다니다 몽마르트르공원을 발견한 지 3일째. 그녀는 모란 카페에 자주 오라고 했다. 공원엔 화장실이 있어 너무 좋다고. 매일 여기서 노래할 거라고. 나는 그녀의 희망이 두려웠다. 밝음 뒤편은 어둠이므로.

눈 내리는 날 몽마르트르공원으로 갔다. 떨고 있을 그녀가 떠올라서. 그러나 모퉁이 의자는 농담처럼 비어있었다. 나는 그녀 대신 의자에 앉아 만두를 천천히 씹어 먹었다.

12월의 모퉁이에 서서 나는 그녀를 돌아본다. 나는 집으로 돌아와 시 노트 앞장에 눌러 썼다. '진심을 찾아가는 여행!'이라고.

홀로 떠나는 여행

나는 혼자 떠나는 여행이 좋다. 무얼 먹든 어딜 가든 내 맘이니까. 홀로 고요해지면 안 보이던 것들이 보이고 안 들리던 것들이 들린다.

불현듯 동서울터미널에서 버스를 타고 바다에 내린 날, 새들이 바닷가에 줄지어 앉아있었다. 혼자 떠나면 알게 된다. 새들이 바람을 향해 앉아 있는 이유를. 날개는 자유가 아니고 목숨 줄이란 걸. 해마다 수만 킬로를 날아야 먹고 산다는 걸. 날개를 펼 때마다 무한한 공포를 느낀다는 걸.

바닷가를 거닐다 아기 새를 보았다. 어디를 가려는지 바람에 비틀거리는 가느다란 다리! 내 별명도 '새 다리'였다.

초등학교 4학년 때 이모가 사는 부산에 혼자 간 적이 있다. 바다가 보고 싶어 기차를 탔지만 부산은 세상 끝보다 멀었다. 8시간을 달려 서면역에 내렸으나 이모는 없었다. 새 다리 산골 아이는 쏟아져 나오는 사람들 사이를 부초처럼 밀려다녔다. 지금도 선명하게 떠오르는 로터리 화단의 빨간 꽃들!

사람들은 흩어져 가고 내가 울음을 터뜨리자 수염 더부룩한 아저씨가 다가와 손을 잡았다. 그때 나를 부르던 이모 목소리!

홀로 길을 떠나면 내가 나를 만난다. 모래사장을 함께 걷고 파도와 장난치다 돌아서면 작은 아이는 손을 흔든다. 어쩌면 나는 내가 찾아오기를 기다렸는지 모른다.

아기 물새

바닷가 모래밭에

혼자 남은
아기 물새

종종종 걷다가
하늘 한 번 쳐다보고

종종종 걷다가
바다 한 번 바라보고

너도 날 수 있단다
이렇게 날아라

파도는 달려오지
하얀 날개 저으며

달을 향해
손을 모으다

　사우디에서 일하는 아들과 두바이 여행을 했다. 두바이는 사막에 세워진 아랍에미레이트 최대 도시다. 세계에서 가장 높은 빌딩 '부르즈 할리파(Burj Khalifa)'를 구경한 후 택시정류장으로 갔다. 그곳에는 렉서스 고급 승용차가 대기하고 있었다. 망설이다 탔지만 불안해지기 시작했다. 미터기가 없는 것이다. 우리가 미터기를 찾자 숨겼던 미터기를 꺼내 보여주었다. 바가지가 분명했다. 기사는 이만 오천 원만 내라고 했다. 일반 택시비보다 싸게 받는 거라고. 그러나 화가나 내리겠다고 하자 처음 자리로 와 내려주었다. 그리고 정중하게 인사를 하고 사라졌다. 우리는 사기꾼이라 욕하며 일반 택시를 탔다. 그러나 목적지에 내렸을 때 지불한 미터기 요금은 삼만 원이었다.

　조조할인 영화를 보려고 극장에 앉아있는데 젊은 남자가 들어왔다. 모자를 푹 눌러쓰고 내 뒤쪽 의자에 가방을 던지고 계속 통로에 서있었다. 나는 불안했다. 수상하지 않은가. 왜 서있을까? 온갖 상상으로 영화에 몰입할 수 없었다. 흉기를 들고 있을지도 모른다는 생각에 안절부

절못하다 끝내 밖으로 나오고 말았다.

그날 밤 친구 집에서 모임을 하다 그 이야기를 했다. 의견은 분분했다. 잘 나왔다는 사람도 있지만 엉덩이 종기 때문이라고도 하고 운동 삼아 서 있었다고도 하고 심지어 내가 무서워 그랬다고도 했다. 나는 웃고 말았다.

그날은 마침 보름이었다. 보름달은 완벽하게 둥글었다. 어찌나 달빛이 환한지 대문을 나서다 달구경을 했다. 남산 밑에 있는 집이라 자연 속에 파묻힌 적요(寂寥)가 환하게 드러났다. 자연은 실수가 없다. 어김없이 가을은 와 귀뚜라미 울고 마당의 대추나무는 대추나무대로 바닥의 디딤돌은 디딤돌대로 제게 온 달빛만큼 밝았다.

국가의 수준은 사람들이 가지고 있는 생각의 높이이며 어떤 생각으로 타인을 보느냐가 인격이라고 한다.

달은 굴곡 없는 시선으로 사물을 본다. 편견과 오해로 가득한 나를 내려다보는 명쾌한 눈동자. 나는 달을 우러렀다. "내 안에 환한 눈 하나 걸어두길!"

넌 누굴 찾아왔니?

네팔 치뜨레 마을에 갔을 때다. 한밤중에 화장실 가려고 방문을 열다 말고 숨이 턱 막혔다. 하늘 가득 주먹만 한 별들이 소용돌이치며 머리 위로 쏟아지고 있었기 때문이었다. 그때 알았다. 인간이 고개 숙여야 하는 이유를. 나는 목이 아파 맨땅에 누워 버렸다.

누워서 보면 별은 가슴으로 들어온다. 별들 중 정겨운 별은 별똥별이다. 하늘에서 지상으로 오는 별! 유난히 환한 별 하나가 나를 향해 날아오고 있었다. 점점 가까워지던 별은 내가 팔을 벌리는 순간 어둠 저편으로 사라졌다. 네팔의 밤은 몹시 추웠고 나는 덜덜 떨며 방으로 들어갔다.

잠자리에 들었을 때 누가 나를 내려다보고 있었다. 눈을 번쩍 뜨자 금빛 날개를 단 아이가 웃고 있었다. "넌 누구니?" 아이는 대답했다. "나는 별똥별이야. 너를 만나러 오는 데 수억 광년이 걸렸어." 그러더니 금빛 날개를 활짝 펴고 날아갔다. 꿈이었다.

사랑법은 저마다 다르다. 어떤 이는 멀리서 반짝이고 어떤 이는 누군가를 향해 떨어진다. 나는 늘 망설인다. 상처받을까 두려워. 그러나 작은 소리에도 놀라 돌아보게 된다.

며칠 전 강원도 화천으로 휴가를 갔다. 밤중에 마당에 쳐놓은 모기장으로 들어가 누웠다. 보석처럼 박혀 있는 별 사이로 풀벌레 울음이 날아다니고 있었다. 세상은 사라지고 나와 별, 그리고 풀벌레만이 오롯이 교신하고 있었다.

우주의 모든 물질은 가장 미세한 단위인 쿼크(quark)다. 이것은 전자로 이루어지는데 너무나 미세해 '진동하는 에너지 파'로만 감지된다고 한다. 산다는 건 전파를 보내는 일이다. 나의 숨결도 해독해 줄 사람을 찾아 억겁의 세월을 거쳐 지구에 도착했는지 모른다.

어둠이 있어 별은 빛난다. 저만치 유성 하나가 '휘익!' 휘파람 소리를 내며 떨어지자 풀벌레가 움찔한다. "별아 넌 누굴 찾아 왔니?" 귀에 익은 목소리였다.

내가 나를 만나다

외사촌이 내 백일 사진을 카톡으로 전송해왔다. 나는 나를 보고 놀랐다. 칼을 들이대도 방긋 웃을 것 같았다. 이게 나라니! 나는 괴물이 된 듯 서글펐다. 순간 조지 버나드 쇼의 묘비명이 떠올랐다. "우물쭈물하다 내 이렇게 될 줄 알았다!"

사진은 말없이 보여준다. 그날 엄마는 지극한 사랑으로 새 옷을 입히고 오래 살라고 실도 한 뭉치 준비해서 사진관으로 갔으리라. 아가의 시선을 끌기 위해 손뼉을 치고 이름을 부르며 한바탕 난리 끝에 사진을 찍었겠지. 사진 속 아가는 무념무상으로 입을 벌리고 있었다.

언어가 존재하지 않는 순수한 영혼, 허공 같은 표정 속에서 흘러나오는 무한한 선함, 거짓도 미움도 모르는 얼굴! 들풀처럼 연약하지만 두려움이 없는 강한 상태, 그건 자신이 사라진 무아의 경지였다.

내가 명상을 한 건 강원도 홍천에 있는 〈나봄 명상센터〉에서였다. 처음엔 오래 앉아있자니 다리가 저려 고통스러웠다. 한 시간이나 눈을 감고 호흡에 집중하다 보니 별별 생각이 다 들었다. 1박 2일 동안 평온은 커녕 졸리기만 해 슬그머니 그만두었다. 그런데 백일 사진을 보는 순간 확연히 깨달았다. 아가의 평온함! 그것은 이미 내 속에 있던 것이었다.

꽃은 누가 봐주길 기대하지 않는다. 바위틈이거나 물가거나 불평 없이 피고 진다. 아가들도 불면증에 시달리지 않는다. 먹고 자는 것으로 충분하다. 삶에 대한 염려나 자각조차 없다. 그렇게 완성되어 태어나지만 우리는 하나씩 잃어버리며 살아간다.

내가 처음 살던 집은 엄마 뱃속이다. 내 심장 소리에 설레던, 나 하나로 가득했던 집. 그러나 세상에 던져져 무소의 뿔처럼 가리라 날을 세우던 나! 사진을 보니 나는 혼자가 아니었다. 사진 속에선 엄마의 엄마들이 야생화처럼 끝없이 피어나고 있었다.

"너희도 어영부영하다가는 엄마 꼴 난다" 메시지와 함께 백일 사진을 아이들에게 전송했다. 아이들은 세월이 잔인하다 했지만 누가 뭐래도 나의 시작은 천사였다. 나는 사진 속 천사에게 묻는다. "넌 나를 아니?"

저마다의 감옥

며칠 전 우연히 1988년 서울 올림픽 주제가를 들었다. "손에 손잡고 벽을 넘어서 우리 사는 세상 더욱 살기 좋도록 서로 사랑하는 한마음 되자" 세계인이 하나 되어 불렀던 노래. 감동 속엔 빛나는 슬픔의 알갱이가 있다. 전쟁과 분단, 굴욕적인 식민지 시대의 벽을 부단히 넘어왔기에.

볕 좋은 토요일 노래를 흥얼거리며 올림픽공원으로 갔다. 전 세계 10만의 인파가 모여 잔치를 벌였던 현장엔 가족이나 연인들이 자전거를 타거나 연을 날리며 행복한 시간을 보내고 있었다.

올림픽공원은 세계 5대 조각 공원 중 하나다. 성화가 타오르는 '평화의 문'을 지나 '소마미술관'을 지나면 당시 세계 유명 조각가의 조각들을 만날 수 있다. 이는 자연 경관을 따라 9경으로 나뉜다.

나를 사로잡은 건 4경 조각상이다. 입과 몸뚱어리만 남은 두 남자. 서로에게 몸을 기울이느라 몸뚱어리가 갈라져 있다. 사람이 사람에게 다가가는 건 찢어지는 고통이란 뜻일까? 나는 갈라진 틈에 손가락을 넣어보았다. 그늘의 감각은 서늘하고 눅눅했다. 그 속에서 가랑잎 하나를 꺼냈다. 그것의 녹슨 빛깔이, 말라비틀어진 서러움이 찡하게 밀려왔다. 그리고 이내 녹슨 철조망이 떠올랐다.

세계인이 손잡고 이념의 벽, 인종의 벽, 빈부의 벽을 넘어 하나 되고자 노래했지만 아직도 우리나라는 골이 패인 채다. 남북으로 갈라진 지 67년! 두 남자의 조각상은 분단된 조국이며 서로 다른 이념으로 상처투성이가 된 형제였다. 이 작품은 알제리의 세계적인 조각가 '아마라 모한'의 작품으로 제목은 〈대화〉다. 형제는 쌍둥이인데 싸움만 하여 대화하라고 입을 남겨둔 것이다.

그들을 지나 몽촌역사관 쪽으로 가는데 어린아이가 조각상을 손가락질했다. "저 아저씨는 나쁜 사람이야!" "왜 그렇게 생각하니?" "북한 사람이잖아!" 그분은 올림픽 조직위원장이었다. 아이는 어떤 기준으로 북한 사람이라고 했을까?

우리는 저마다의 생각 속에 산다. 감옥에 갇혔던 빠삐용은 바다로 몸을 던져 자유를 쟁취했다. 나는 어떤 생각의 감옥을 탈출해야 할까?

폼페이 사람들

 이탈리아 폼페이를 여행한 적이 있다. 폼페이는 화산 폭발로 사라진 고대 문명지이다. 2000년 동안 땅속에 화석이 된 인간들의 표정은 지옥, 그 자체였다. 그때의 충격을 더듬으며 폼페이 유물전이 열리는 국립중앙박물관을 찾았다.

 첫 번째 섹션엔 화려한 정원이 보였다. 풍만한 여인의 조각상과 아름다운 분수, 벽화엔 새와 나무와 꽃들이 살아있는 듯 생생했다. 죽음이 덮치기 직전까지 그들은 먹고 마시며 영화를 꿈꾸었던 것이다.

 다음 섹션은 〈아름다움의 추구〉였다. 고대 여인들은 장신구로 화려한 치장을 했다. 번쩍거리는 금을 보니 친구가 생각났다. 엄마 돌아가시고 청소를 하는데 금덩어리 4개가 나왔다며 울었다. 평생 바느질로 살아온 엄마는 김치, 고추장만으로 밥을 먹었단다. 친구는 짜증만 냈다고. 여기로 온 귀걸이나 목걸이도 저마다 사연이 있을 것이다.

 다음 섹션엔 금화, 은화, 동화가 전시되어 있었다. 폼페이는 항구도시로 상업이 발달해 술집, 패스트푸드점이 즐비했다고 한다. 수돗물이 솟아오르고 공중목욕탕엔 체육관과 마사지실이 있었다. 또한 거대한 원형경기장은 현대의 스타디움이 무색할 정도였으며 의술도 세분화 되어 담석 제거, 백내장 수술을 했고 장례는 화장을 해 유골함에 넣었다고 한다.

폼페이에는 매음굴도 있었다. 포도주 한 잔 값이면 이용할 수 있었다고. 노예는 사람이 아니라 소모품이었다. 부자들은 화려한 집과 보석들을 남기고, 창녀들은 노골적인 성적 벽화를 남겼다. 풍요와 퇴폐의 절정에서 도시는 사라진다.

마지막 섹션은 〈최후의 날!〉 기원 후 79년 8월 24일 단 하루 만에 폼페이는 지상에서 사라진다. 〈베수비우스 화산 폭발〉 동영상을 보았다. 천지가 무너지는 소리, 개 짖는 소리, 아이들 울부짖는 소리, 그리고 땅속에 묻혀 숯이 된 사람과 동물들이 거기 있었다. 누웠거나 앉았거나 모두 고통에 사지를 비틀고 있었다. 순리대로 죽는 것은 얼마나 축복인가!

나는 필름을 거꾸로 돌리듯 햇볕 아래로 걸어 나왔다. 연못에 정자가 새삼 아름다웠다. 둘러보니 모든 것이 제자리에 있었다. 나는 전시실에서 본 구절을 떠올렸다.

"몸을 쉬고 건강한 꿈을 꾸고, 꾸밈이나 기교 없이 소박한 것을 즐기기에 이 세상보다 훌륭한 장소가 어디 있을까?"

산에 뜨는 감일출

새해 첫날, 제일 먼저 해가 뜨는 아차산으로 향했다. 산 입구엔 새해 복 많이 받으라는 현수막이 여럿 보였다. 추운 날씨에도 엄청난 사람들이 산을 오르고 있었다. 해마다 4만 명이 모인다고 하지만 상상 밖의 인파에 놀라지 않을 수 없었다. 나는 발걸음에 밀려 산으로 올라갔다.

해맞이 광장은 사람들로 뒤덮여 있었다. 내가 자리를 잡자 하늘이 붉어지기 시작했다. 사람들은 해가 손톱만큼 보이자 환호하며 일시에 핸드폰을 위로 올려 셔터를 눌러대기 시작했다. 내 앞의 남자는 배터리가 없다며 안절부절못했다.

장자는 말했다. "기계를 써 본 자는 반드시 기계에 마음을 사로잡히고 사로잡히면 뭔가를 꾀하려는 마음이 생겨 순수하지 못하게 된다. 그리되면 정서가 불안해지고 정서가 불안하면 도가 깃들지 않게 된다. 기계는 인간의 발목을 잡는 덫이며 그 덫을 스스로 만드는 게 인간의 어리석음이다. 하지만 길을 잃어버린 인간은 행복을 꿈꾸며 열심히 불행을 향해 달려간다."

얼마나 신랄한 예지이며 비판인가! 나는 깊이 호흡하며 떠오르는 태양을 눈으로 보았다. 남들이 렌즈로 볼 때 나는 날것의 태양과 마주했다. 붉고 장엄한 빛이 프레임 없이 통째 내게로 왔다. 나는 전율을 느끼며 소원을 빌었다. "해님 감사합니다. 올해도 가난하고 아픈 사람들과 함께해 주세요."

일출은 사랑처럼 보일 듯 말 듯 할 때가 절정이다. 떠오르는 시간은 짧고 아름다운 순간은 찰나다. 하산할 때는 사람들에 밀려 넘어질까 두려웠다. 친구나 가족들도 뿔뿔이 흩어지기 다반사. 나는 북새통을 피해 조용한 숲길로 들어섰다.

새가 저만치 무언가를 열심히 쪼아 먹고 있었다. 이 겨울에 무얼 먹는 걸까? 호기심에 다가가니 직박구리 한 마리가 휘익 날아올랐다. 나는 눈을 크게 떴다. 나무 아래 홍시가 붉었다. 눈부신 감의 일출이 타오르고 있었다.

음악이 없다면

　서울숲에는 피아노가 있다. 그래서 숲은 맑은 소리를 낸다. 개구쟁이들이 딩동거리고 지나는 사람도 슬며시 건반을 눌러보고 연인들도 나란히 앉아 피아노를 친다.
　낙엽 지는 가을날, 피아노 앞엔 소녀가 앉아 있었고 계단 아래엔 엄마 같은 여자가 휠체어를 타고 있었다. 뒤에서 봐도 그녀는 어딘가 아파 보였다. 기울어진 어깨에 담요를 두르고 털모자를 쓰고 있는 그녀! 그녀 눈엔 눈물이 흐르고 있었다.
　피아노 위로도 엄마의 털모자 위로도 낙엽은 날리고 소녀의 손끝에서 부서지는 선율은 포말처럼 밀려와 내 마음에 부서졌다. 타인의 아픔을 공명하는 일은 어렵다. 그러나 음악은 한계를 단숨에 넘는다.
　〈낙타의 눈물〉이라는 다큐멘터리를 본 적 있다. 극심한 난산으로 고통을 겪은 어미 낙타는 가끔 새끼를 발로 차거나 젖을 안 줘 굶겨 죽이는 습성이 있다고 한다. 어미 마음을 돌리는 방법은 단 하나! 그것은 음악이다. 몽골 악기인 마두금을 애절하게 연주하면 어미 낙타는 눈물을 뚝뚝 흘리며 모성을 회복해 새끼에게 젖을 물린다. 음악이 없다면 새끼는 굶어 죽었을 것이고 어미는 비정한 어미로 남았을 것이다. 음악은 동물도 참회하게 만든다.

조용필의 〈비련〉이라는 노래가 있다. 14년 동안 감성이 마비된 채 살아온 지체장애 소녀가 〈비련〉을 듣고 눈물을 흘리자 놀란 부모가 조용필에게 노래를 부탁한다. 그는 4개 행사를 취소하고 위약금까지 물면서 병원에 있는 소녀에게 달려간다. 당시 조용필의 하루 출연료는 삼, 사 천만 원 정도였다. 소녀는 노래를 듣는 내내 눈물을 쏟았고 부모도 함께 울었다.

노래를 마친 조용필에게 사례를 하려 하자 "따님 눈물이 제가 지금까지 벌었고, 또 앞으로 벌게 될 돈보다 더 비쌉니다."라며 거절했다고 한다. 진정 소중한 것은 돈으로 환산될 수 없다. 공기나 태양처럼. 성경은 지옥에 대해 70번, 음악에 대해 839번 이상을 언급했다고 한다. 태양이 코트를 벗기듯 음악은 마음의 옷을 벗게 한다. 가끔 눈앞이 캄캄해진다. 음악이 없다면 어떻게 살까?

앨범 속 남자

풍수지리에서 중요한 건 청결이다. 방은 물론 현관은 복이 들어오는 입구라 깨끗해야 한다고 한다.

청소하면 기분 좋고 복까지 들어온다니 마음먹고 대청소를 시작했다. 그 바람에 앨범에 끼어있던 빛바랜 사진을 보게 되었다.

자세히 보니 첫 직장에서 직원들이랑 찍은 사진이었다. 키 크고 대머리가 훌렁 벗겨진 남자가 눈에 들어왔다. 아! 서 계장님! 기억이란 낚시와 같다. 흔들리는 수면을 응시하노라면 생생하게 파닥이며 건져 올려지는 기억! 그 남자는 장난기 많은 사람이었다.

그날은 직원들 회식 자리였다. 중국집에서 술을 한 잔씩 돌렸다. 고량주였다. 사양하는 내게 서 계장은 성인이니 마셔도 된다며 맥주보다 낫다고 권했다. 그래서 단숨에 꿀꺽 삼켜버린 순간, 목에서 활활 불이 났다. 나는 숨도 못 쉬고 캑캑거리며 한동안 눈물 콧물을 흘렸는데 사람들은 박장대소를 했다.

다음 날부터 회사에 가지 않았다. 김 계장이 집으로 와 아버지에게 사과했지만 아버지는 단호했다. 면장도 제 하기 싫으면 그만이라고.

나도 끝까지 만나주지 않았다. 시뻘건 얼굴로 웃어대던 그는 사람이 아니었다.

첫 번째 직장은 그렇게 허무하게 끝났다. 사과하려는 사람에게 기회조차 주지 않고 증오하며 이제껏 기억 속에 방치해온 사람.

지금 사진을 보니 그는 괴물이 아니었다. 노총각 샐러리맨일 뿐. 갓 입사한 귀여운 막내둥이인 내게 잠시 장난기가 발동한 것이지 직장까지 그만두길 바랐겠는가. 그도 회사에서 곤란을 당했을 테고 마음이 무거웠을 것이다. 지금 만난다면 고량주 아니라 고량주 할아버지라도 한잔하며 웃을 수 있을 텐데 미안함과 아쉬움이 남는다.

우연히 풍수지리 책을 읽고 복 받으려고 청소하다 만난 그 사람. 복이란 이런 건지도 모른다. 켜켜이 쌓인 먼지를 털어내듯 누군가를 더 이상 미워하지 않게 되는 축복.

어쩌면 그도 우연히 앨범을 뒤적이다 사진 속 나를 만날지도 모른다. 그는 나를 어떻게 기억할까? 오만과 아집에 가득 찼던 젊은 날의 내가 부끄러워지는 순간이다.

괴테의 말이다. "자기가 얼마나 자주 타인을 오해하는가를 자각한다면 타인을 함부로 단정지을 수 없을 것이다."

누군가의 목숨으로 산다

요즘 나를 사로잡은 사람은 정도전이다. 철학, 역사, 과학, 예술을 넘나들며 수많은 저서와 시를 남기고 조선의 기틀을 마련한 600년 전의 남자.

그를 만나러 평택에 있는 사당으로 갔다. 진위역에 내려 시골버스를 기다리는데 감감무소식. 둘러보니 초라한 행색의 할아버지가 길에 앉아 계셨다. 그분은 정도전의 19대 후손으로 동네서 제일 나이 많은 분이셨다. 정도전을 만난 듯 반가웠지만 그는 평범한 노인에 불과했다. 현실은 늘 초라한 것인가? 나는 버스에서 내리며 할아버지께 손을 흔들었다.

사당엔 자물쇠가 채워져 있었고 전화번호가 붙어있었다. 보안업체의 마크와 CCTV도 눈에 띄었다. 사당과 기계문명의 짬뽕이 생뚱맞아 웃음이 났다. 전화를 받은 안내인은 아파서 병원에 있다고 했다. 피할 수 없는 건 즐기랬다고 나는 사당 처마 밑에 앉아 김밥을 먹었다. 정도전도 말했다. "나라엔 백성이 하늘이고 백성에겐 밥이 하늘이다."

나는 오랜만에 고향에라도 온 듯 휘적휘적 사당 뒤쪽 언덕으로 올라갔다. 그곳엔 잘려 나간 소나무 그루터기가 있었다. 고려 말 조선 초에는 영웅들 목숨이 이 소나무처럼 잘려 나갔으리라. 황금 보기를 돌같이 한 최영, 천재에 덕망을 갖춘 정몽주, 민본정치로 백성을 구하려 했던 혁명가 정도전. 그들은 하나같이 신념을 위해 목숨을 버렸다.

요즘 우리들은 치매 안 걸리고 사는 게 꿈이다. 그래서 무얼 먹을까 무슨 운동을 할까 전전긍긍이다. 그러니 아이들도 공무원이나 교사가 되는 걸 최상으로 알 수밖에.

숲에서 매미 소리가 들려왔다. 7년을 땅속에서 기다려 7일을 치열하게 살다 가는 매미! 혁명가 정도전을 닮았다는 생각을 하며 일어섰다. 버스 시간이 정해져 있기 때문. 차에 오르니 올 때 태워다 준 운전기사가 웃는다. 아저씨는 동네 사람들을 다 아는 것 같았다. 도복 입은 아이들은 "태권!" 소리치며 오르고, 아줌마는 음료수를 아저씨 손에 쥐어주었다. 아저씨는 운전하다 말고 흥겹게 노래 부르기 시작했다. "그리워서 헤매이던 긴긴날의 꿈이었지. 오륙도 돌아가는 저 물결들도…."

세상 이만하면 살 만하지 않은가. 징병에 끌려가고 노비로 팔려가고 소나무처럼 목숨이 잘리던 때에 비하면. 나는 오늘도 누군가의 목숨으로 산다.

꽃차의 추억

 시골 친구가 사진을 보내왔다. 맑은 유리잔에 띄워놓은 코스모스! 문득 친구가 보고 싶어 해가 기우는데 길을 나섰다.
 서툰 운전에 길을 잘못 들어 헤매는데 마침 비마저 쏟아져 앞이 보이지 않았다. 빗속을 기다시피 하니 친구 집은 외계처럼 요원하기만 했다.

몇 번의 애절한 통화 끝에 친구 집에 도착한 건 새벽 한 시!

 우리는 감격해 얼싸안았다. 친구에게선 꽃향기가 났다. 나는 친구가 끓여준 꽃차를 마주하고 앉았다. 사진에서 본 코스모스 차! 꿈이 현실이 되는 순간이었다. 뜨거운 찻잔에 꽃잎을 보며 "꽃을 두 번 죽이는 거 아냐?"라고 하자 친구는 "두 번 살리는 거지"라며 웃었다.

 우리 아버지는 해마다 코스모스를 마당에 심었다. 그러나 엄마는 꽃이 밥이 되냐며 다 뽑아버리고 푸성귀를 심었다. 투명한 찻잔에 날개를 활짝 편 코스모스를 보니 두 분이 그리워졌다.

 몽골초원 테를지에서 말을 탄 적이 있다. 초원에는 은하수처럼 많은 꽃들이 피어 있었다. 에델바이스, 자운영, 솔체꽃, 산부추꽃, 엉겅퀴, 개양귀비, 백리향, 라벤다…. 가까이서 보면 저마다의 색깔이 농염하지만 멀리서 보면 파스텔톤으로 흔들리는 초원! 난 말을 타고 꽃 위를 둥둥 떠다녔다. 초원엔 길이 없다. 내가 가면 길이 된다. 초원에선 말도 꽃을 먹는다. 목을 늘이고 어찌나 맛나게 먹는지 나를 태운 건 잊은 듯했다.

 앞서가던 말의 엉덩이에서 물컹물컹 꽃덩어리가 쏟아져 나왔다. 나는 갑자기 요의를 느꼈다. 말에서 내려 볼일을 보자 꽃들은 뜨신 나를 받아먹었다. 다시 말에 오르자 젖은 꽃들은 말의 입속으로 빨려 들어갔다. 몽골초원에선 내가 꽃이 되고 말이 된다. 사람이 죽으면 풍장을 했다는 몽골, 여기저기 빛바랜 뼈들도 흰 꽃으로 피어난다.

 우린 꽃차를 마시며 도란도란 이야기를 나누었다. 나누면 나눌수록 풍족해지는 이야기. 한동안 먹고 마시고도 남으리라.

막힐수록 시원한 피서

피서하면 03번 마을버스가 떠오른다. 더불어 밝게 웃는 그녀의 얼굴이 보인다. 그녀는 강남 신사동 농협 앞에서 옥수수를 쪄서 팔던 언니다.

한여름 땡볕에 옥수수를 찌니 얼마나 더웠겠는가! 한낮엔 땀이 줄줄 흐르고 숨이 턱턱 막혀 죽을 지경이더란다. 그래서 생각해 낸 피서법. 농협 앞은 03번 버스 종점이다. 그 버스는 논현, 강남, 서초동을 경유해 신사동으로 돌아오는 버스였다. 언니는 그 버스를 타고 한 시간 동안 피서를 떠난다고 했다. 팔던 옥수수를 보자기에 싸서 안고 간다고. 버스엔 에어컨 있지, 종점이라 앉을 자리 있지, 운전기사 있지, 기름값 안 들지, 버스비만 내면 제자리까지 데려다주니 이보다 더 좋을 순 없단다.

흔들리는 버스 안에서 단잠을 자고 창밖을 보면 사람이 보인단다. 길에 엎드려 구걸하는 사람이나 사이렌 울리는 응급차를 보면 오늘이 선물이라는 그녀. 길 막히면 승객들은 짜증을 내도 그녀는 피서를 오래 해서 좋다고. 그녀는 여름마다 그렇게 피서를 떠났다 제자리로 돌아온 단다.

얼마 전 언니는 보여주고 싶은 게 있다며 나를 데리고 남산 한옥마을로 갔다. 언니는 한옥마을을 무척 자랑스러워했다. 매일 집으로 가는 길에 들르는 별장이라고. 고래 등 같은 한옥 다섯 채를 보여주며 방이며 부엌, 기와지붕까지 세세히 설명하는 걸 보니 정말 언니 집같이 느껴졌다. 언니는 맘에 드는 집을 고르라고 했다. 그래서 고심 끝에 한옥 한 채를 골랐다. 청사초롱이 걸리고 유난히 마루가 반짝이는 집이었다. 난 그 집의 작은 방에 매료되었다. 정갈한 좌식 책상과 방석, 그리고 활짝 열린 창문 넘어 초록 가득한 세상. 나는 마루에 앉아 언니가 세상을 품는 비밀을 알게 되었다. 돈 없이도 부자가 되는 비밀을.

세계 인구의 절반은 하루 2달러로 살아간다. 아프리카에선 가물어 오줌을 받아먹기도 하고 물에 잠겨 사라진 섬나라도 있다. 진정한 부란 무엇일까? 행복한 사람은 감사를 알고 감사하면 신이 가슴으로 들어온다고 한다.

웃음은 웃는 자의 것이고 복은 누리는 자의 것. 올여름엔 그녀가 선물한 별장에서 나만의 피서를 즐겨야겠다.

내가 만난 의자

인덕원에서 51번 버스를 타고 가다 눈이 번쩍 떠지는 마을을 만났다. 빨간 벽돌 주택들이 푸른 산을 배경으로 오밀조밀 정겹고, 성당의 둥근 탑이 우뚝한 마을이었다. 나는 무작정 버스에서 내렸다. 정인(情人)처럼 햇볕의 숨소리가 남다른 마을이었다.

빨간 벽돌 주택이 늘어선 길을 걷다 보니 체코에서 본 붉은 집들과 성당이 생각났다. 집들은 가난했지만 평화로웠다. 집집마다 심어 놓은 꽃이랑 나무를 구경하던 중 대문 앞에 의자 3개를 나란히 내놓은 집을 보게 되었다. 대문엔 메모가 붙어있었다. "이 의자는 쉬어가는 의자입니다." 나는 의자에 앉았다. 담 넘어온 덩굴장미 향기에 심신이 충전되었다. 나를 위해 메모까지 붙여 놓은 집, 나는 일어서며 깊숙이 허리를 숙였다.

언덕 위의 성당은 푸른 숲에 쌓여있었다. 성당을 지나자 막다른 길

끝에 터널이 나왔다. 왠지 두려워 돌아서려다 나비가 터널로 들어가는 게 보였다. 나는 나비에 이끌려 컴컴한 터널을 통과했다. 터널 밖은 딴 세상처럼 고요했다. 비닐이 펄럭이는 폐가를 지나니 길은 산으로 이어지고 있었다. 가슴이 뛰었다. 이곳에서 내가 사라지면 누가 알겠는가? 그러나 홀린 듯 산길로 접어드니 길은 등산로로 이어지고 있었다. 산은 의왕시 모락산이었다.

잔뜩 긴장한 채 걷다가 누가 보는 것 같아 고개를 들었다. 그것은 나무 아래 하늘색 플라스틱 의자였다. 갑자기 긴장이 풀리며 웃음이 났다. 누가 산속까지 의자를 가져다 놓았을까?

철사로 깨진 곳을 꿰매고 흔들리지 않도록 나무에 정성껏 묶은 후 수평이 되도록 나무 받침까지 대어놓은 의자.

묘한 날이었다. 아까는 대문 앞에서 의자를 만났고 지금은 산에서 의자를 만나다니. 세상에 의자는 많지만 타인을 위한 의자는 많지 않다. 그날 이후 나는 모락산을 가끔 찾는다. 의자에 앉아 책도 읽고 아카시아 꽃잎이 눈처럼 날리는 걸 바라보기도 한다.

선거일이 다가온다. 거리엔 플래카드와 공약이 요란하다. 의자 하나 차지하기 위해 세상은 동분서주 남을 모략하지만, 세상엔 대문 앞에 의자를 내놓는 사람도 있고 의자를 들고 산으로 가는 사람도 있다.

하수와 고수

경동시장에 갔다. 우리나라 제일의 약령시장과 한의학박물관이 있어 외국인도 많이 찾는 곳이다.

제기동역 3번 출구 앞에 한의학박물관이 보였다. 박물관에선 사상체질 검사, 스트레스 검사도 무료로 해 주고 한방차도 대접하며 박물관을 홍보하고 있었다.

특히 감동적인 곳은 '보제원'이다. '보제원'은 조선시대부터 이어온 빈민 구제기관이다. 배고픈 사람 먹여주고 잘 곳 없는 사람 재워주고 병든 자를 치료해주는 '보제원'을 보니 요즘같이 각박한 세상에 위로받는 느낌이 들어 뭉클했다.

나는 몸의 말에 귀 기울이는 법을 몰랐다. 앞만 보고 질주하다 결국 쓰러진 후에야 그동안 내가 얼마나 오만했는지 통감했다. 나이를 잊고 힙합을 한다고 뛰어다니다 무릎 다친 지 5년째. 처음엔 낫겠지 방심하다 수술에 대한 두려움으로 갈등하는 사이 다리는 점점 나빠졌고 허리까지 협착되었다. 알레르기 비염, 높은 콜레스테롤 수치도 요행을 바라며 못 본 척했다. 그 결과 오랫동안 한쪽 다리를 절며 혹독한 대가를 치렀다.

춘추전국시대 명의인 편작은 세상엔 고칠 수 없는 병이 있다고 했다. 교만 방자하여 병의 원리를 알려고 하지 않음이 첫 번째 불치요, 몸을 가벼이 여기고 돈을 중히 여겨 병을 치료하지 않는 것이 두 번째 불치요, 의·식·주를 적절하게 관리하지 못하는 것이 세 번째 불치라 했다. 그는 중국 채나라 왕을 세 번이나 찾아가 병이 있음을 간곡히 알려주었지만 교만한 왕은 듣지 않았다. 네 번째 찾아간 편작은 물끄러미 왕을 바라보다 그냥 돌아선다. 이미 골수까지 병이 깊어진 것이다. 왕은 약 한 번 써보지 못하고 죽었다.

한의학은 예방의학이다. 병이 나기 전에 고치는 것이 상수고 병이 난 후에 고치는 것은 하수다. 그렇다면 나는 하수 중의 하수인 셈이다.

박물관엔 허준의 『동의보감』이 있다. 세계문화유산으로 등재된 이유는 기존 중국 의서가 질병 중심인 반면 『동의보감』은 사람 중심이라는 것.

기억에 남는 의사가 있다. 그는 내 눈을 보며 질문했다. "누굴 그리 미워합니까!" 마음을 보게 한 의사는 처음이었다. 그런 의사는 나를 고수로 만든다. 그의 말에 귀 기울이게 하니까.

정류장을 지나 렛잇고 (let it go)

영화 〈겨울 왕국〉 주제가 '렛잇고(let it go)'가 폭발적인 인기를 얻고 있다. 사람들은 왜 열광할까? 아마 외치고 싶어서일 것이다. "제발 나를 내버려 둬!"

며칠 전 출근을 못 했다. 렛잇고 노래를 따라 하다 정거장을 지나버린 것이다. 정신을 차리니 한남대교 위였다. 요단강을 건너는 기분이었다. 차는 막히고 출근 시간은 지나 있었다. 순간 나는 '렛잇고(let it go)'를 외쳤다. 그래 나를 내버려 두자! 하루 회사 안 간다고 지구가 멈추는 건 아니니까. 스티브 잡스도 말했다. "길에서 벗어날지라도 때론 자신의 마음을 따라가야 인생이 변한다!"

　버스는 순천향병원을 지나 남산 1호 터널로 들어갔다. 그동안 내리는 정류장밖에 몰랐던 나. 나를 버리자 길은 이어지고 새로운 정류장들이 보였다. 밖은 눈부신 봄이었다. 관광버스를 보니 바람처럼 자유로워졌다. 하루를 통째로 선물 받은 기분! 어디로 갈까 행복한 고민을 하다 명동 입구에서 내렸다.

　빈속이라 무언가 먹고 오랜만에 남산에 가기로 한 것. 이른 시간 골목 안에는 간이역처럼 불을 켠 국숫집이 보였다. 유리문을 밀고 들어가니 할머니가 김밥을 말면서 반겨주었다. 국수는 국물 맛이 깊고 개운했다. "할머니 참 부지런하시네요." 라고 하자 할머니는 36년 동안 여기서 일했다고 한다.

　할머니는 전문학교를 나온 인텔리였다. "웃지 않는 자는 장사하지 말라!", "나는 신 신고 일하다 죽는다!", "이 가게는 서울대학교고 손님은 교수님이다!", "돈은 혈관을 도는 피다. 그러나 욕심은 버려라!" 할머니의 철학이었다.

　노인 한 명의 지혜는 도서관과 같다. 김밥은 손이 싸지만 발에게도 감사한다는 할머니! 나는 할머니에게 출근하다 명동으로 오게 된 사연을 말하고 '렛잇고(let it go)' 가사를 읽어드렸다. 우리는 썩 잘 통했다. 쟁반 위의 김밥은 꽃처럼 알록달록했다. 나는 김밥을 사서 가방에 넣었다. 길을 벗어난 덕분에 할머니도 만나고 남산에도 갈 수 있었다. 삶이란 정류장의 연속이다. 정류장을 놓쳤을 때 한 번쯤 '렛잇고(let it go)'를 외치면 어떨까?

언니의 사랑

백운호수 근처 쭈꾸미 집에서 식사를 하고 분재원에 들렀다. 그곳은 식사 후 커피를 마실 수 있는 장소다. 안을 둘러보다 걸음을 멈추었다. 동전 크기의 빨간 열매가 가지에 매달려 나를 보고 있었다.

열매는 볼이 빨간 단발머리 소녀였다. 먼 옛날 눈보라 치는 겨울밤

맨발로 뛰쳐나간 언니. 언니는 아버지가 머리를 잘라 방에 가두자 첫사랑을 찾아 십리 길을 달려갔다. 그러나 얼마 후 나무에 매달려 생을 마감한 채 집으로 돌아왔다.

그로부터 이십 년 후, 우연히 한 남자를 만났다. 그것도 설악산 양폭 대피소에서. 기막히게도 그는 언니 첫사랑의 남동생이었다. 같은 고향이라 반가워하다 서로를 알게 된 것이다. 그 남자의 잘못은 아니지만 만감이 교차했다. 함께 갔던 일행도 참담한 사랑의 결말에 충격을 받았다. 그렇게 언니는 느닷없이 설악산에서 내게 온 뒤, 오늘 분재 속 붉은 열매가 되어 있었다. 언제나 다른 모습으로 내게 오는 언니.

생각에 잠긴 내게 주인 여자가 다가왔다. "그건 사과예요." 난 놀랐다. 이렇게 작은 사과도 있다니. "죽은 줄 알았는데 쪼그라들었던 열매가 살아나더라고요." 그녀는 감동스러운 표정이다.

등이 따스해 돌아보니 석양이 비닐하우스 안으로 들어와 어깨를 감싸고 있었다. 분재들도 환해졌다. 꽃의 이념도 잎의 사색도 열매의 희망도 놓아버린 겨울 분재는 뼈마디를 그대로 드러내고 있었다.

난 껴입은 옷이 무거웠다. 그러나 훌훌 벗어 던지지 못하리라. 사랑한 게 잘못인가? 사랑을 믿은 게 바보인가? 뛰어난 미인이었던 언니는 열일곱에 그렇게 세상을 떠났다.

키만 웃자란 잡풀처럼, 스토리 없는 긴 소설처럼 난 언니보다 오래 살았다. 이리 재고 저리 재며 영악하게 살았지만 가끔은 언니가 부럽다. 목숨을 바친 사랑! 그건 누구나 하는 게 아니다. 나는 사과 분재를 안고 그곳을 나왔다.

내 사랑 한강

　난 한강이 좋아 당산동에서 25년을 살았다. 한강이 없다면 숨이 막혀 어찌 살까? 한강을 보면 독립투사처럼 비장해진다. 내가 죽고 강이 맑아진다면 기꺼이 죽으리라!
　해 질 녘 강에 서면 비릿한 강 내음! 숨을 깊이 들이마시면 막혔던 숨통이 터진다. 강바람은 강아지처럼 달려와 온몸을 핥는다. 강에선 엄마의 앞치마 냄새가 난다. 사람들을 씻기고 먹이고 기르는 냄새. 강은 도시인의 고독을 읊어주는 시인이다. 바다로 가는 길을 알려주는 선지자다. 강은 화가다. 석양이 지면 하늘도 강물도 당산철교를 덜컹이며 지나는 전동차도 하나로 붉어진다.
　헝가리의 도나우강, 파리의 세느강, 독일의 라인강, 몽골의 툴강, 세상엔 강도 많지만 내겐 한강처럼 애틋한 강은 없다. 두바이에서 유람선을 탔지만 조명이나 불꽃쇼는 한강에 비할 수 없다. 떠나보면 안다. 사랑하면 당장 그리워진다.
　강변을 걷다 보면 자전거 탄 사람, 걷는 사람, 운동기구에 매달린 사람, 댄스 삼매경에 빠져 팔 벌리고 스텝을 밟는 사람도 있다. 풀숲에서 만나는 귀여운 토끼, 청둥오리. 떼 지어 날아오르는 철새, 멸종위기인 큰고니, 천연기념물인 황조롱이도 강에 기대어 산다.

겨울 강의 톡 쏘는 맛은 얼얼한 청양고추 맛이다. 살맛 안 날 때 코트 깃을 세우고 겨울 강으로 가면 외로움이 싹 가신다. 겨울 강물에 동동 떠 있는 오리를 보면 심장 박동이 빨라진다.

태백 검룡소에서 시작해 정선의 조양강, 영월의 동강을 지나 단양, 충주, 여주로 흘러 양수리에서 북한강과 합류하는 한강! 강은 기쁘게 하나가 된다. 새해엔 나도 누군가에게 흘러들어가고 싶다.

행복저장노트

내 고향 색은 초록이다. 산도 들도 초록초록인 강원도 산골이다. 산골 사람은 산에 기대어 산다. 봄이면 산나물, 두릅, 버섯을 찾아 산으로 간다. 산에 오르면 엄마는 눈부신 듯 중얼거렸다. "이렇게 딱딱한 나무에서 어찌 이리 연한 것들이 나온다니!" 나는 그렇게 산이 준 것들을 먹고 자랐다.

눈 감으면 코 베어간다는 서울로 온 건 중학교 때. 모든 게 낯설어 하루하루 긴장 상태였다. 사람 조심, 길 조심하며 콩나물시루 같은 버스에 시달리던 어느 날 나는 감전된 듯 길에 멈춰 섰다. 보도블록 사이 초록색을 본 것이다. 이게 얼마만인가! 눈뜬 심봉사처럼 초록 풀포기를 보았다. 그때 옆에 사촌이 잡아끌었다. "돈이 떨어진 줄 알았잖니!"

자연이 주는 행복은 물질과 달리 금세 휘발된다. 그래서 느낌을 모아두는 '행복저장노트'를 준비했다. 살아가다 무심결에 "아! 좋다!"라는 말이 튀어나올 때, 그 순간을 기록하는 것이다. "아! 좋다!"는 절로 나온다. 꽃봉오리 터지듯.

손자 도경이는 예쁜 돌을 좋아한다. 밥 먹을 때도 손에 쥐고 놓지 않는다. 나의 행복저장노트도 돌멩이 같은 것인지 모른다. 길을 걷다 추억의 노래가 들려올 때, 오르막을 스치는 한 줄기 바람, 봄밤의 라일락 향기, 장마 끝에 열리는 쪽빛 하늘, 무심결에 마주친 저녁노을, 그리고 "아! 좋다!" 중얼거리며 몸을 담그는 따끈한 목욕물…….

요즘엔 봄꽃이 한창이다. 며칠 전 아차산에 올랐을 때 탄성을 질렀다. 겨우내 쓸쓸했던 산길에 진달래가 마중 나와 있었다. 나는 반갑고 고마워 사진을 찍어 행복저장노트에 저장했다. 〈웃는 길〉이란 제목과 함께.

우리 할머니는 90이 넘도록 꽃밭을 가꾸었다. 평생의 일인데도 꽃이 피면 매번 경탄했다. 채송화고 해바라기고 똑같이 칭찬해주며 놀라워했다.

아인슈타인은 말했다. "자연의 신비에 더 이상 경탄하지 않는 사람은 죽은 거나 다름없다."

나는 손자가 자연을 찬미하며 살아가길 바란다. 그리고 손자의 기억 속에 '행복저장노트'를 꽃밭처럼 일구다 간 할머니로 남고 싶다.

살리는 생각

　서울 광진구 광장초등학교 뒤편엔 주말농장이 있다. 연휴 동안 집에서 빈둥거리다 텃밭 구경하러 전철을 탔다.
　주말농장은 활기차게 변해 있었다. '자투리 농장'이란 현수막이 걸리고 텃밭엔 갓 심은 고추나 상추 등이 자라고 있었다. 난 출석 부르듯 팻말 이름을 하나씩 불러주었다.
　백만장자, 도시 농부, 꿈꾸는 농원, 야채가게, 파란 세상, 커피 한 잔, 새 희망, 네가 좋아, 불사초 등의 이름 사이에 '키워서 잡아먹자.'란 섬뜩한 이름이 보였다. 상추가 자신의 이름표를 빤히 보고 있었다. 사람의 생각이란 얼마나 다른가!
　2019년 3월, 중국 산둥성에 사는 탕샤오룽이란 남자가 지갑을 주웠다. 지갑 안엔 340만 원이 들어있었다. 당시 그의 아들은 혈구탐식증후군이란 희귀병으로 골수이식이 시급했지만 돈이 없어 수술을 미루고 있을 때였다. 그러나 그는 잃어버린 사람을 찾아 지갑을 돌려준다. 지갑 주인은 딩이룽이란 농장 주인으로 사례금을 건넸지만 그는 당연한 일이라며 받지 않았다. 그 후 그의 아들이 병으로 죽어간다는 걸 알게 된 농장 주인은 전 재산인 20만 키로그램의 무를 내놓는다. 그러나 그 많은 무를 당장 어디다 팔 것인가? 절박한 사연을 듣고 무를 전부 사준 사람이 있었다. 그는 중국 다롄의 기업가 주잔윈씨! 무 판 돈 오천백만 원으로 아들은 수술을 받고 목숨을 건졌다. 주잔윈씨는 완쾌할 때까지의 비용도 부담하기로 했다.

주운 돈 340만 원이 5,100만 원이 되어 아들을 살린 것이다. 그건 탕샤오룽이란 사람의 생각이 불러온 결과였다. 그는 지갑을 돌려주었고 사례금도 받지 않았다. 눈앞에 죽어가는 아들을 보면서도 말이다.

텃밭을 둘러보다 나무 탁자로 갔다. 앉아 있던 아저씨가 일어서며 탁자 귀퉁이를 가리켰다. 그곳엔 소복이 쌓아놓은 곡식 가루가 있었다. "새 먹이예요." 그는 그걸 쓸어버릴까 걱정이 된 것이다. 그가 걸어가는 숲길엔 재재거리는 새소리가 울창했다.

빨간 생각

초록 사과가 큰다.

미운 태풍
미운 장마
미운 폭염 지나며

단단해진다
달콤해진다
생각이 바뀐다

초록색일 때
미웠던 것들이

고마워진다.

웃어요 당신

부친상 당한 친구를 만나러 충북 영동엘 갔다. 그녀는 녹음해 둔 아버지 음성을 들려주었다. 목소리가 가물가물 꺼져가고 있었다. "얘야, 그동안 혼자 살게 해서 미안하다. 용서해라…(친구는 노처녀였다) 그런데 얘야, 이 산에서 버섯 따고 저 산에서 약초 캐다… 깨보니 꿈이여…" 아버지의 마지막 유언이었다.

우리 엄마도 병원에서 돌아가셨다. 임종 순간에 남동생 둘은 곁에 없었다. 엄마는 숨줄을 붙들고 끈질기게 동생들을 기다리는 듯했다. 나는 엄마 귀에 대고 말했다. "엄마, 애쓰지 말아요. 나도 동생들도 결혼해서 잘 사니 엄마 할 일은 다 했어요. 내 말 들려요?" 내 말이 끝나자 엄마의 심장이 멎었다. 나는 아무도 울지 못하게 하고 침대 곁에 꿇어앉아 엄마 가슴에 손을 넣고 엎드려 있었다. 울고불고하면 엄마가 힘들 것 같아서.
　돌아가신 엄마의 얼굴은 아기처럼 해맑았다. 태어남은 기억에 없고 마지막 가는 곳도 모르다니! 시작과 끝이 텅 빈 인생이 아닌가. "엄마 어디로 갔나요?" 엄마는 침묵으로 대답할 뿐이었다.
　엄마 가시던 날 엄마의 친한 친구에게서 전화가 왔다. 연락도 안 했는데 엄마 가신 걸 알고 있었다. 꿈에 홀쭉해진 엄마가 한복을 입고 찾아와 냉동실에 쇠고기랑 선풍기랑 필요한 거 있으면 가져가라고 했단다. 그래서 한복을 왜 입었냐고 하니 묻지 말라며 사라졌단다.
　『우리는 왜 죽음을 두려워할 필요가 없는가』라는 책의 저자인 정현채 교수는 죽음은 벽이 아니라 다른 세계로 이동하는 문이며, 소멸이 아니라 옮겨감이라고 확신한다. 오늘날 사후세계나 체외이탈, 임사체험 등이 세계적으로 중요한 의학적 영역이 된 지는 오래다. 물론 미신이나 환상으로 치부하기도 하지만 중요한 건 어떤 사람은 죽음이 두렵지 않다는 것이다. 누가 알겠는가? 죽음이 새로운 문일지. 죽음이 생의 끝이 아니라면 삶은 더욱 소중해질 것이다.
　장자는 아내가 죽자 항아리를 두드리며 노래했다고 한다. 죽음은 계절의 변화 같은 것, 아내가 태어날 때 죽음도 태어났으니 삶과 죽음은 하나라고 했다. 나는 아이들이 나의 죽음을 슬퍼하지 않기를 바란다.
　애벌레는 껍질을 벗고 날개를 단다. 엄마도 병든 육신을 벗어 던지고 훨훨 날아갔을 것이다. 놀랍지 않은가? 가장 두렵던 죽음이 탈출구가 되다니!
　돌아오는 길, 영동 월류봉에서 사진을 찍어 친구에게 보냈다.

웃고 있어요

바람에 쓰러진
코스모스

비에
젖어도

얼굴에
흙이 묻어도

꽃잎이
빠져도

웃고
있어요

웃음만은
지켰다고요.

고생 속에 들어있는 것들

친구가 고생하러 제주도에 가잔다. 평생 기억에 남도록 걸어보자는 것이다.

우리는 차도 대여하지 않았다. 고생 속엔 가시 속 알밤 같은 설렘이 들어있으므로.

여행 첫날, 걸어서 도로까지 나오는데 20분, 버스 정류장까지 1시간이 걸렸다. 버스를 내려서는 길을 잘못 들어 또 한참을 헤맸다. 둘레길 8코스 입구까지 걸린 시간은 세 시간! 배보다 배꼽이 컸다. 꿈꾸던 둘레길은 환상이었지만 은빛 바다는 그림 같았지만 나는 지쳐 언덕에 누워 잠들고 말았다.

떠났던 정류장으로 돌아온 건 저녁 무렵. 눈앞에 범섬 바다가 우리를 손짓했다. 숙소로 가려니 아쉬워 터덜터덜 걷기 시작했다. 그러나 빤히 보이던 바다는 계속 뒷걸음질 쳤다.

그렇게 또 한 시간이 걸린 바다! 우리는 바닥에 주저앉았다. 그때 느닷없이 서쪽 하늘 끝이 열렸다. 먹구름 틈새로 화산이 폭발하듯 불꽃이 터져 나왔다. 고생 속에 들어있는 깜짝 선물이었다.

숙소로 오는 길, 핸드폰이 꺼졌다. 배터리가 나가니 길이 사라졌다. 사방은 어둡고 가끔 자동차만 지날 뿐, 낯선 거리에서 우왕좌왕 한참을 헤메다 앞서가는 여인을 발견했다. 우리는 결사적으로 달려갔다.

전후 사정을 들은 그녀는 우리 숙소로 전화해 다짜고짜 "손님이 길을 잃었으니 당장 와서 모시고 가세요."라는 게 아닌가. 황급히 손을 젓자 그녀가 오히려 놀란 듯했다. 그녀는 근처 집으로 들어가며 우리에게 잠깐 기다리라고 했다. 단독주택의 어둡던 창문이 환해졌다.

돌아온 그녀 손엔 귤 봉지가 들려있었다. 그녀는 배낭을 벌리고 귤을 넣어주었다. 우리 숙소 앞에서 그녀는 돌아섰다. 그녀의 걸음은 깃털처럼 가벼웠다. 그러나 나는 반대였다. 미안함에는 무게가 있으므로.

임종을 앞둔 사람들은 말한다. "왜 좀 더 나누며 살지 못했을까?" 고생길에 만난 그녀는 깃털처럼 가벼워지는 비법을 알려주고 총총 사라졌다.

3부

표류의 반전

표류의 반전

표류—하면, 생각나는 사람이 있다. 이름은 문순득! 그를 만나러 첫 새벽 목포 여객선터미널로 향했다. 그는 조선시대 신안군 우이도 사람으로 흑산도에서 홍어 장사를 하다 풍랑을 만나 3년 2개월 만에 돌아온 사람이다.

그는 파도에 휩쓸려 류큐(일본의 오키나와)로 갔다가 8개월 후, 조선으로 오던 배가 다시 풍랑에 휩쓸려 머나먼 여송(필리핀의 루손섬)으로 흘러간다. 혈혈단신, 언어도 생김새도 다른 나라로 간 문순득. 그는 온갖 역경을 이기고 광둥성, 마카오, 난징, 베이징을 거쳐 기적적으로 고향에 돌아온다. 3년 2개월 만이었다. 그는 그동안 류큐와 여송말을 배우고 문화와 풍습을 꼼꼼히 관찰해 역사에 남겼으며 당시 귀양 와 있던 정약전, 정약용 같은 당대의 실학자에게 조선 밖의 나라를 알리게 된다.

당시 조선에도 풍랑에 밀려온 표류자 5명이 있었다. 말이 안 통하니 국적을 알 수 없었다. 중국으로 데려가도 모른다고 하자 그들은 제주도로 보내져 난민이 된다. 그 후 열악한 환경으로 2명이 죽자 조정에선 문순득을 제주로 보낸다. 그들은 문순득을 끌어안고 대성통곡한다. 9년 만에 필리핀 말을 처음 들은 것이다. 이 공로로 문순득은 『조선왕조실록』에 실리고 최초 통역사로 종2품 벼슬을 얻게 된다. 표류엔 또 다른 반전이 숨어 있다.

나는 목포 여객선터미널에서 멈추었다. 문순득 후손이 사는 생가도, 문순득 동상도 볼 수 없었다. 비가 내려 우이도 운항을 중지한 것이다. 그러나 반전은 있게 마련, 유달산 케이블카를 타고 천사대교를 건너 자은도와 암태도를 구경할 수 있었다.

자은도라는 섬에서 점심을 먹을 때였다. 초로의 남자가 들어와 옆 테이블에 앉았다. 그는 장어탕과 고등어 백반을 시켰다. 혼자서 2인분을 주문한 것이다. 종업원이 고등어가 있냐고 주방에 묻자 그는 초조하게 확인했다. "고등어 없나요?"

그는 묻지도 않는 말을 했다. "여기가 내 고향입니다. 50년 만에 왔지요. 비린 게 그리워서요." 서울서 목포까지 기차로 와 택시로 달려왔다고 한다. 고향 낙지가 먹고 싶은데 횟집에 없어서 이리로 왔다고. 그는 어디를 떠돌다 온 걸까? 구부정한 어깨에 술잔 든 손엔 새끼손가락이 없었다. 여종업원도 필리핀 아가씨였다. 우리는 모두 어딘가 떠돌다 섬으로 흘러온 표류자였다. 식당을 나오는데 남자가 사이다를 건넸다.

나는 암태도 바다를 보며 사이다를 마셨다. 찡하게 톡 쏘는 맛은 각별했다. 그건 표류자가 표류자에게 건네는 한 모금 고향 맛이었다.

땅을 깨고 나왔네

돌담 응달에
소복한 눈

겨우내
흰 암탉처럼
웅크리고 있더니

봄 햇살에
푸드득 날아간 자리

땅을 깨고 나왔네
노랑 꽃다지

나 좀 봐주세요

손자는 혼자 놀다가도 자주 나를 돌아본다. 눈동자 속엔 애틋한 절규가 숨어있다. "내가 블록을 쌓았어요. 나 좀 봐주세요!" 그 아이는 몸을 뒤집을 때도, 걸음마를 할 때도 본능적으로 나를 돌아보았다. 내가 모른 척하면 손뼉을 쳤다. 그렇게 해달라고.

경남 창원 팔룡산엔 돌탑공원이 있다. 나는 입구에서 입을 딱 벌렸다. 상상을 초월하는 거대한 탑들이 첩첩산중을 이루고 있었기 때문이다. 이 돌탑은 이삼용 씨가 쌓은 962개의 돌탑으로 '마산 9경'으로 불린다. 그는 동트기 전에 일어나 이산가족의 아픔과 통일을 위해 기도한 후 돌탑을 쌓는다고 한다. 천 개를 목표로 지금도 탑을 쌓는 그! 그동안 세 번의 무릎 수술을 했다고.

남을 애통해하는 자는 복이 있다고 한다. 이산가족의 아픔과 통일을 기원하는 이삼용 씨는 어떤 복을 받았을까? 천만년을 사는 돌들과 27년간 대화를 나누었으니 신선의 세계를 엿보았는지도 모른다. 그의 말엔 걸림이 없다. "돌탑은 쌓는 사람의 것이 아닙니다. 그 앞에 손을 모은 사람의 것이지요."

돌탑을 보면 돌이 돌을 받들고 있다. 깨지거나 패인 상처에 다른 돌을 올려놓으며 위로 올라간다. 그러나 나는 맨 꼭대기 돌부터 올려다본다.

"우리 엄마는 군인보다 무섭다/ 헐크보다 힘세다// 손에 잡히는 건 다 무기가 된다." 이 시는 '길 위의 인문학'을 강의할 때 훈이라는 아이가 쓴 글이다. 훈이는 거칠고 폭력적이었다. 수업 시간에 떠들고 친구들이랑 싸우고 지우개를 던지고 툭하면 울었다.

강원도 백담사를 탐방해 돌탑을 쌓을 때는 예쁜 돌을 주웠다고, 돌탑이 무너졌다고 잠시도 나를 가만두지 않았다. 내가 다른 아이랑 있으면 손을 잡아끌었다. 훈이는 무의식중에 나 좀 봐달라고 외치고 있었다. 나는 측은해서 칭찬도 해주고 사진도 찍어주고 돌탑 꼭대기에 사탕도 놓아주었다. 그렇게 하루가 끝났을 때, 훈이가 나를 따라오고 있었다. 내가 보면 아닌 척 발끝으로 흙바닥을 툭툭 차다가 돌아서면 또 따라왔다. 나는 훈이에게 다가가 "엄마가 안 데리러 왔구나!"라고 했다. 그제야 훈이는 고개를 들고 나를 보았다. 눈물이 고여 있었다. 훈이는 내 차가 보이지 않을 때까지 서 있었다.

그토록 사랑을 갈망하던 훈이는 지금 뭘 할까. 나는 팔룡산 이끼 낀 돌탑 앞에 멈추어 눈을 감았다. 어둠 속에 별 하나가 떠올랐다. 그건 훈이 돌탑 위에 놓아준 사탕이었다.

난 빛덩어리

달님이
호수 눈동자가 된 날

하늘에 떠 있는
자기 모습을 처음 보았어

달님은 울먹였어

이게 꿈은 아니지?
저게 나란 말이지?

돌덩어린 줄 알았는데

세상에 하나뿐인
빛덩어리란 말이지?

해피엔딩

 포천에 있는 고모리 호수공원에서 동아리 모임을 가졌다. 멤버는 대학원 문예창작 전문가 과정에서 만난 학우들.
 고모리 호수는 잔잔하고 평화로웠다. 우리는 데크길을 따라 걷다 물가에 자리를 잡았다. 이야기 도중이었는데 멤버 중 막내가 불쑥 내게

말했다. "언니는 사실 많이 부족하지. 우리 팀이니 받아주지 다른 데선 힘들 거야!" 처음엔 농담인가 했는데 표정을 보니 아니었다. 나는 무안해서 어정쩡하게 일어날 수밖에 없었다.

돌아오는 길, 나는 차 안에서 막내를 비난했다. 생각할수록 자존심이 상했던 것이다. 다음엔 따지겠다고 하자 한 친구가 말렸다. "그러지 말아요. 나도 막내 때문에 정신병원 갈 뻔했잖아." 그 말에 우린 동시에 웃었다. 왜냐하면 오래전 막내가 이 친구를 힘들게 한 적이 있었던 것이다. 그러나 그녀의 목소리는 맥힘 없이 따스했다.

그날 밤 잠이 깼다. 새벽 2시였다. 막내의 말이 떠올랐다. 그녀는 왜 내가 부족하다고 생각했을까? 근거 없이 그런 말을 할 수는 없지 않은가? 사실 난 덜렁대고 전화도 잘 안 받는다. 오늘도 장소를 착각해 허둥댔으나 제시간에 차를 탔다. 그러나 길이 막혀 늦고 말았다. 오래 기다린 막내는 그것이 나 때문이라 생각한 것일까?

막내를 동생처럼 생각한 적이 있었다. 오래전 사업하는 남편과 중국으로 갔을 때 그녀에게 진심 어린 메일도 보내고 위로해 주었다. 그 후 한국으로 온 그녀는 내게만 퀼트 가방을 선물했다. 멤버들은 부러워했다. 진심이 없으면 퀼트로 가방을 만들 수 없다고. 그런데 언제부턴가 나는 그녀가 못마땅했다. 모임에도 안 나오고 그녀와 동아리 회원과의 관계에 문제가 생기면서 거리를 느낀 것이다. 사랑이 끊긴 곳이 지옥이라 했던가? 그 후 그녀를 보면 마음이 불편했다.

그러나 이번 일로 알게 되었다. 막내에게 먼저 거리를 둔 건 나였고 그녀의 말에도 일리는 있었다. 미움은 미움을 낳고 비난은 비난을 낳는다. 생각이 거기에 이르자 오히려 내가 미안해졌다.

우린 상처받지만 회복하는 힘도 지니고 있다. 내 방엔 해피엔딩으로 직행하는 글이 붙어있다. "남을 비난하지 않는다!"

세상에서 가장 소중한 것

단종의 유배지인 강원도 영월의 청령포에 갔다. 불어난 강물로 배는 묶여 있었고 나루터엔 개망초만 무심히 흔들리고 있었다. 건널 수 없는 강 저편엔 단종이 걸어갔을, 한줄기 눈물 같은 길이 보였다.

단종은 태어난 지 이틀 만에 어머니를 잃고, 6살에 할머니를, 10살에 할아버지인 세종대왕을, 이어 아버지 문종마저 잃은 비련의 왕이다. 12살에 왕이 되지만 작은아버지 세조에게 왕위를 뺏기고 청령포로 유배되어 17살에 사약을 받는다. 삼대를 멸한다는 세조의 명에도 불구하고 시신을 거둬준 영월 호장 엄홍도가 없었다면 오늘날 단종을 모신 장릉은 없었으리라.

　세조는 오로지 왕이 되기 위해 조카인 단종과 친형제인 안평대군과 금성대군을 죽였으며 좌의정 김종서 등 당대의 충신들과 사대부 70여 명을 살해하거나 귀양 보냈다.

　세조는 평생 종창으로 고통을 받는다. 단종의 어머니 현덕왕후가 꿈에 나타나 내 아들 죽였으니 네 아들도 죽이겠다고 침을 뱉자 침 묻은 자리에 생긴 종창이 온몸에 퍼져 썩는 냄새가 났다고 한다. 그의 첫째 아들과 둘째 아들 예종도 이유 없이 요절한다. 세조는 말년에 땅을 치며 한탄했다. "왕이 될 욕심으로 천하 충신들을 다 죽이고 내가 천벌을 받는구나!"

　지금 세계는 메르스, 사스, 에볼라, 신종플루, 코로나19 등 전염병의 공포에 떨고 있다. 이것은 기후변화로 인한 재앙이며 인간의 욕심이 원인이라고 한다. 처음의 지구는 순수한 사랑, 어머니 그 자체였다. 원시림과 북극의 빙하, 깨끗한 바다와 맑은 공기로 모든 생명을 품어 키웠다. 그러나 인간은 산을 죽이고 바다를 죽이고 돈이 된다면 무차별 살해했다. 우리가 지구 땅의 1/3을 개발할 때 야생동물의 개체수는 2/3가 넘게 사라졌다.

청년이 소크라테스를 찾아와 물었다. "나는 건강하지도 않고 머리도 좋지 않고 돈도 없습니다. 나 같은 사람도 행복할 수 있습니까?" 소크라테스는 갑자기 청년의 머리를 물속에 처박고 발버둥 칠 때까지 누르고 있다가 꺼낸 뒤 물었다. "세상에서 가장 소중한 것이 무엇이냐?" 청년은 대답했다 "공기입니다."

종창이 심해 얼굴을 가리고 정사를 본 세조처럼 우리도 지금 마스크를 쓰고 산다.

"천만리 머나먼 길에 고은 님 여희옵고/ 내 마음 둘 데 업서 냇가의 안쟈시니/ 뎌 물도 내 안 같아 울어 밤길 예놋다" 이 시조는 왕방연이 단종에게 사약을 올리고 돌아가다 눈물로 쓴 시다. 나는 시를 읽다 가슴이 무너졌다. 그 옛날의 지구가 한없이 그립고 죄스러워서.

산다는 의미

대구에서 후배 작가가 전화를 했다. 문예지에 자기에 대한 글을 좀 써달라는 것이었다. 난 당황했다. 하지만 이틀 후 슬그머니 승낙하고 말았다. 내게 부탁해준 게 고마워서였다. 그때부터 고민이 시작되었다. 대체 뭘 쓴단 말인가? 아는 거라곤 얼굴과 이름, 대구에 산다는 것 정도가 전부니 말이다. 연애도 못 해 본 사람이 사랑 시 쓰는 격이 아닌가. 나는 대구행 기차표를 끊었다. 이제부터라도 그녀를 알아보려고.

우리에게도 추억은 있었다. 오래전 문학 행사 끝에 그녀와 몇 명이 벚꽃 날리는 금호강에서 놀다 온 적이 있었다. 그러나 그게 언제였는지 무슨 이야기를 했는지 기억이 휘발된 것이다.

그녀를 만난 곳은 동대구역 5번 출구. 그녀는 만나자마자 5번 출구도 있었냐며 두리번거리는 게 아닌가? 그러나 웃기는 건 운전이 무서워 남편에게 차를 자진 반납했단다. 그리고 정말 웃긴 건 강변에서의 반응이다. 어머머! 강물에 떠있는 오리를 찍고 어머머! 유람선도 찍고 어머머! 나보고 잘 내려왔다고 덕분에 구경 잘했다고 인사까지 하는 게 아닌가.

우린 바라보며 웃었다. 그녀는 사람을 무장해제시키는 재주가 있었다. 그건 치명적인 매력이다.

강가 둑길엔 벚나무가 양쪽으로 늘어서 있었고 낙엽이 쌓여있었다. 처음 만났을 땐 벚꽃 날리는 봄이어서 좋았고 가을은 가을대로 좋았다. 계절은 최선을 다해 아름답게 변한다.

그녀는 강가에 잔디를 가리켰다. "저기서 옛날에 날 넘어뜨린 기억 나요?" 당시 그녀가 물었단다. "어떻게 해야 시를 새롭게 쓸 수 있을까요?" 그러자 내가 달려들어 바닥에 넘어뜨렸다고 한다. "이렇게 뒤집히면 되지!" 순간 떠올랐다. 내게 깔려 허우적거리던 그녀의 빨간 얼굴! 그 위로 날리던 벚꽃. 아! 우리에게 그런 날이 있었지. 우린 갑자기 다정해져 손을 잡고 걸었다. 그녀는 내 시를 진심으로 좋아한다고, 그래서 내게 글을 부탁했단다.

어떤 영화에 나오는 대사다. "너에게 산다는 의미는 뭐지?" 그러자 죽음을 앞둔 여자가 말한다. "누군가와 마음을 나누는 일이랄까? 서로를 인정하고 좋아하고 손을 잡는 일이지. 때론 절망하고 미워할지라도 그게 산다는 거야." 그렇다. 혼자면 희로애락도 없는 것이다.

그녀는 이제 모르는 사람이 아니다. 대구에 살면서 금호강도 잘 모르는 여자. 좋은 시를 쓰면 파리랑도 춤추는 여자. 산다는 의미가 손을 잡는 일이라면 이제 난 그녀를 안다 할 수 있겠다.

코로나19의 기적

어려서부터 피아노를 치고 싶었다. 아니, 피아노 소리가 흘러나오는 집을 동경했는지 모른다. 피아노 소리는 천상의 소리로 들렸다. 그러나 엄마는 단호했다. 못 오를 나무는 쳐다보지도 말라고.

결혼하고 이사를 몇 번이나 하고 아이들이 대학 갈 무렵, 꿈은 현실에 묻히고 피아노 따위는 다른 세상 이야기가 되었다.

비 오는 날 거리에 흐르는 심수봉의 노래를 듣고 있었다. 피아노 치며 부르는 〈그때 그 사람〉은 마른 땅에 봄비처럼 꿈을 살아나게 했다. 가슴이 떨렸다. 그날부터 피아노를 배우기 시작했다. 일주일에 두 번씩. 4년을 치고 레슨을 그만두었다. 돈 되는 무언가를 찾아서.

그 후 나는 영어, 중국어, 일본어, 컴퓨터를 배우고 사회복지사, 심리상담사, 요양사, 독서지도사, 동화구연사 등등 자격증을 따기 위해 끝없이 노력했다. 그렇게 오랜 세월 쫓기듯 살다 보니 자격증이 쌓이는 만큼 건강은 나빠졌다. 시력은 말할 것도 없고 위염에 알레르기성비염에 허리는 협착으로 걷는 게 힘들었다. 시술하고 침 맞고 부황을 뜨고 별별 치료를 다 받았다. 그러나 악착같이 배움을 놓지 않았다. 지인은 혀를 찼다. 왜 그리 자신을 들볶냐고! 그러나 멈출 수가 없었다. 그런 나를 멈추게 한 건 코로나19였다.

코로나19가 나를 가두자 그동안 모아둔 자격증에 눈이 갔다. 그것들을 얻기 위해 얼마나 많은 대가를 치렀던가! 가족을 소홀히 하고 병이 깊어지는 기나긴 투쟁. 요양사 자격증이 있지만 내가 아파 요양사를 쓰게 생겼으니 코미디가 따로 없다. 자격증이 휴지로 보이는 순간 죽도록 일해 돈만 쌓아놓고 죽은 사람이 떠올랐다. 나는 반문했다. 내가 나에게 무슨 짓을 한 거지?

그 후 2년이 흐른 지금은 늦잠도 자고 텔레비전도 보며 돈 안 되는 것들이 주는 평화를 만끽하고 있다. 아침이면 세수하고 피아노 앞에 앉는 게 습관이 되었다. 이제 우리 집은 음악이 흘러나오는 천상의 집이 되었다. 엄마는 못 오를 나무는 쳐다보지도 말라고 했지만 하늘에서 미소 지을 것이다.

또 하나의 기적은 남편과의 관계다. 바쁘다는 핑계로 타인처럼 서먹하던 우리가 밥을 함께 먹고 서로의 눈을 보며 이야기도 한다.

나는 하루에 만 보씩 강변을 걷는다. 덕분에 협착, 비염, 위염도 좋아지고 있다. 강물은 반짝이며 속삭인다. 욕심을 버리고 천천히 햇볕을 쪼이며 흘러가라고.

말 시키지 마세요

경상남도 거제도엔 중세 유럽풍의 매미성이 있다. 성주는 백남순 씨! 2003년 거제도를 강타한 태풍 매미가 그의 경작지를 날려버리자 돌로 성을 쌓은 것이다. 설계도 없이 17년간 맨손으로 쌓아 올린 기적의 성! 나는 그 주인공이 보고 싶었다.

매미성은 해안 길 끝에서 모습을 드러낸다. 성은 웅장하고 정교하고 이국적이었다. 유연한 곡선으로 이어진 성벽을 따라 들어가면 좁은 길이 미로처럼 이어져 동화의 나라를 꿈꾸게 한다. 사람들이 늘어선 포토존을 지나 그를 보러 작업장으로 올라갔다. 그러나 공사표지판이 가로막았다. "작업 중 말 시키지 마세요!" 나는 당황했다. 속셈을 들킨 기분이었다. 생각해보면 17년 동안 얼마나 많은 사람들이 찾아와 귀찮게 했겠는가! 그들의 호기심은 바쁜 그를 지치게 했을 것이다.

영화 〈미나리〉를 보면 사람이 사람에게 무엇으로 다가가야 하는지 알게 된다. 그건 사랑과 헌신이다. 할머니(윤여정)는 이민 간 딸이 오라고 하자 집을 팔아 미국으로 건너간다. 병아리 감별하는 일과 농장 일로 바쁜 딸의 아이들을 돌봐주기 위해서다. 그녀는 고춧가루, 멸치, 심장에 좋은 손주의 보약을 보따리 속에서 하나씩 꺼낸다. 그리고 자신의 전 재산인 봉투를 딸 손에 쥐어준다.

미국에서 태어난 손주는 쿠키도 못 만들고 냄새나는 한국 할머니를 싫어한다. 오줌을 물이라 속여 할머니에게 먹이는 개구쟁이지만, 실은 심장병으로 언제 죽을지 몰라 의사는 절대 뛰지 못하게 한다. 하지만 할머니는 응원한다. "넌 뛸 수 있어!".

깊은 밤, 심장이 아픈 손자가 할머니에게 말한다. "엄마가 자기 전에 기도하면 천국을 볼 수 있대요. 그런데 나 죽기 싫어요.!" "그까짓 천국 안 봐도 돼! 누가 우리 손자를 데려가? 내가 널 절대로 죽게 안 놔둬!" 그날 밤, 손자는 처음으로 냄새나는 할머니 품에 안겨 잠이 든다.

어느 날 할머니는 실수로 농산물 저장창고를 홀랑 태우고 만다. 딸부부가 온갖 고생 끝에 얻은 수확물이 재로 변한 것이다. 할머니는 집을 나와 하염없이 걸어간다. 그때 숨차게 달려와 할머니의 손을 잡은 건 손자다. 심장병 따위는 잊어버린 것이다.

"작업 중 말 시키지 마세요!"라는 팻말 앞에서 사소한 오해로 연락이 끊긴 친구가 보고 싶어졌다. 어쩌면 친구는 내게서 사랑과 헌신이라는 알맹이가 빠진 걸 눈치챘는지도 모르겠다.

이 세상 맛이 아닌 맛

집이란 무엇인가? 이 질문에 해답을 준 친구가 있다. 그녀는 검소한 친구였다. 화장도 스킨로션만 바르고 옷도 싼 옷으로 예쁘게 코디해 입다 미련 없이 버렸다. 집도 사지 않았다. 전세를 살면 모든 집이 내 집인데 왜 집을 사느냐고. 조금이라도 넓은 집을 원해 고군분투하는 우리에게 그녀는 당당했다. 꼭 필요한 살림살이만 싣고 아이들 학교 근처로 옮겨 다녔고 경치 좋은 곳이나 새 집을 찾아다녔다.

그러나 세상이 변했다. 집값이 엄청 오른 것이다. 덩달아 전세도 오르니 당황했을 것이다. 그녀가 무얼 잘못한 걸까? 잘못이 있다면 자본주의 논리를 무시했던 것. 그렇다고 집을 집으로만 여긴 그녀가 마지막 원시인처럼 고독해졌을까? 아니다. 그로 인해 더욱 행복해졌다고 비명을 지른다.

그녀는 지금 단양 영춘면에 땅을 사서 밭을 일구며 산다. 단양역으로 마중 나온 그녀의 눈빛은 장마 끝 햇빛처럼 맑고 쨍했다. 검게 탄 얼굴에 헐렁한 통바지를 입은 그녀를 보니 백화점만 가도 화장하고 점원 눈치나 살피는 내가 초라했다.

그녀는 집이 두 채다. 한 채는 퇴직한 남편의 집이고 또 한 채는 자신의 집이란다. 둘이 같은 공간에 살면서도 각자의 존엄과 자유를 만끽하는 최상의 시스템이 아닌가! 집과 집 사이에 화덕을 놓고 고기도 구워 먹고 낮엔 밭에서 일하고 밤이면 각자의 공간에서 책도 읽고 자유 시간을 갖는 부부. 친구처럼 연인처럼 아침마다 새롭게 만나니 왕도 부럽지 않단다.

친구의 이동주택 안은 군더더기가 없었다. 어떤 글을 읽고 찔끔한 적이 있다. 대궐 같은 집도 사람에 따라 돼지우리가 된다고. 요즘 아파트 값은 평수로 따진다. 내용물은 중요하지 않은 것이다. 내 친구를 품고 사는 이동주택은 열 평에 사천만 원짜리다. 만약 알맹이의 행복까지 집값으로 치는 저울이 있다면 달아보고 싶다.

그녀는 시골 생활에 폭 빠져있다. 맑은 공기랑 새소리, 밤하늘에 빛나는 별, 그리고 마스크를 벗고 사는 것이 너무 좋아서. 그녀는 꽃과 강아지와 고양이를 사랑한다. 그래서 그것들의 사진을 글과 함께 유튜브에 올린다. 신은 삶을 선물하지만 누구나 삶의 주인으로 살지는 못한다.

친구는 밭에서 캔 당근을 보물처럼 받들고 왔다. 뿌리까지 샐러드로 만들어 먹으면 이 세상의 맛이 아니라고.

남는 장사

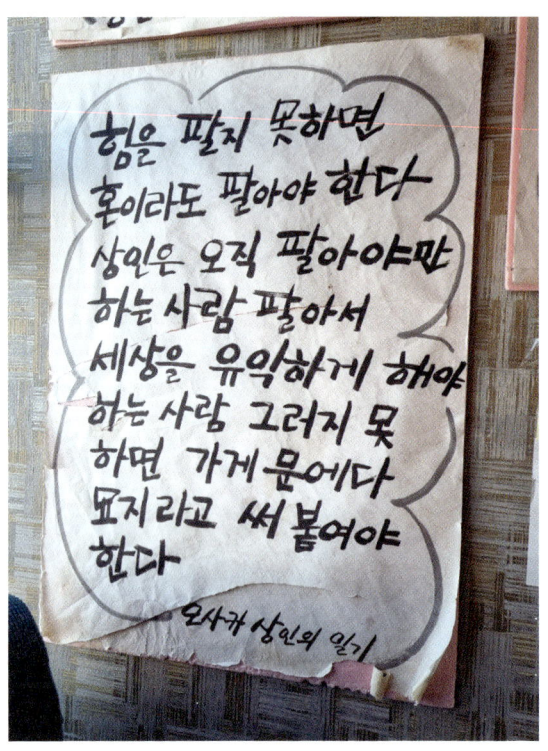

전남 완도항 근처엔 전복과 생선구이 파는 식당이 있다. 식당엔 먹물로 쓴 글이 붙어 있다.

"하늘에 해가 없는 날이라 해도 나의 점포는 문이 열려있어야 한다. 하늘에 별이 없는 날이라 해도 나의 장부엔 매상이 있어야 한다. 메뚜기 이마에 앉아서라도 전을 펴야 한다. 강물이라도 잡히고 달빛이라도 베어 팔아야 한다. 일이 없으면 별이라도 세고 구구단이라도 외워야 한다. 시간을 무료하게 보낸다면 옷을 벗어야 한다. 옷을 벗고 힘이라도 팔아야 한다. 힘을 팔지 못하면 혼이라도 팔아야 한다. 상인은 오직 팔아야만 하는 사람, 팔아서 세상을 유익하게 해야 하는 사람. 그러지 못하면 가게 문에다 묘지라고 써 붙여야 한다."(오사카 상인) 우리의 삶도 세상을 유익하게 하지 않는다면 묘지가 되는 것이다.

오사카 상인들의 상도(商道)는 유명하다. '돈을 남기는 것은 하(下)이고 가게를 남기는 것은 중(中)이며 사람을 남기는 것이 상(上)'이다. 그들은 왜 사람을 남기는 것이 상(上)이라고 했을까?

오스카 쉰들러는 독일인으로 2차 세계대전 당시 가스실로 끌려가던 수많은 유대인을 살린다. 장사에 능통한 그는 군수물자를 만들어 거부가 되지만 유대인을 살리느라 빈털터리가 된다. 그가 목숨 걸고 구한 사람은 1,200명!

독일 패망 후 쉰들러가 도망자가 되었을 때 반대로 자유인이 된 '쉰들러의 유대인들'은 금니를 뽑아 반지를 만들어 그에게 준다. 반지엔 글이 새겨져 있다. "한 사람을 구함은 세상을 구함이다."

그 후 쉰들러의 사업은 연이어 실패한다. 유대인을 살리느라 많은 빚을 졌기 때문이다. 1974년 쉰들러가 죽자 쉰들러의 유대인들은 예루살렘 시온산으로 그를 모셔간다. 쉰들러는 나치당원으로 이스라엘에 묻힌 유일한 사람이다.

오늘날 폴란드에 살아남은 유대인은 4천 명, 반면 쉰들러가 살린 유대인 후손은 6천 명 이상이다. 해마다 쉰들러의 무덤을 찾는 행렬은 끝이 없다. 그는 남는 장사를 한 것이다.

내가 완도에서 묵은 집은 크고 오래된 기와집이었다. 어찌나 웃풍이 센지 코가 시렸다. 3일이나 잠을 설치니 당장이라도 옮기고 싶었지만 참고 있는데 주인이 먼저 불편한 게 있냐고 물었다. 내 불만에 그녀는 환불해줄 테니 다른 숙소를 알아보라며 전화번호까지 알려주었다.

나는 실없이 돌아다니다 그녀에게 돌아왔다. "그냥 정붙이고 살게요." 날씨가 풀린 탓만은 아니었다. 그녀가 사람 남기는 법을 알고 있었던 것이다.

제주도에 담긴 사람들

　나는 천혜의 풍광이 좋아 제주에 간다. 그러나 제주 사람에겐 관심이 없었다. 바다를 바라보며 둘레길을 걷고 맛집을 찾아다니다 돌아오면 이내 잊히는 제주. 그러나 이번엔 오롯이 사람을 여행하고 돌아왔다. 사람은 풍경과 달리 삶을 건네준다. 그래서 갈수록 생생해진다.

이번 여행은 작가들과 함께한 4.3사건 탐방이었다. 끔찍한 화면을 외면하듯 회피했던 나. 그러나 유적지나 기념관, 그들이 숨었던 동굴을 보며 4.3사건은 우리나라 국민 모두의 역사적인 비극임을 절감했다.

제주 하귀리에 사는 고창선 할아버지는(88세) 4.3의 비극을 증언해 주었다. 무차별 총살로 마을 사람들이 무더기로 쓰러지는 걸 목격했으며 남편이 도망갔다는 이유로 임산부를 발가벗겨 팽나무에 매달고 대검과 철창으로 찔러 살해하는 걸 보았다고 했다. 아이, 어른을 가리지 않았으며 부모나 자식이 눈앞에서 죽어도 시신을 거두기는커녕 울지도 못했다고 한다. 이 초토화 작전으로 중산간 마을 95%가 불에 타 사라졌으며 주민의 1/10이 사라졌다고.

할아버지는 〈혁명가〉를 기억한다고 했다. 우리가 조르자 마지못해 불러주는 목소리는 떨렸고 가락은 아리랑처럼 슬펐다. 12살이었던 할아버지는 그냥 신나게 따라 불렀다고 한다. 할아버지는 공부도 취직도 포기하고 살았지만 이젠 달라졌다. 앞장서서 4.3사건으로 희생당한 사람들을 추모하는 영모원을 조성한 것.

할아버지는 강조한다. 좌우 이념보다 시대적 상황에 휩쓸린 제주민 모두가 희생자라고! 이제는 화합과 상생을 꿈꿀 때라고! 이제 4.3사건은 금기에서 풀려 진상조사가 이루어지고 추모공원이 세워지고 대통령은 공식 사과를 했다.

다음날 우리는 〈해녀의 부엌〉 공연을 보러 갔다. 해녀 춘옥 할머니의 일대기를 연극으로 보며 식사를 하는 곳이었다. 남편이 빚만 남기고 일찍 죽자 평생 물질로 자식들을 키운 해녀 할머니! 해녀는 '상군', '중군', '하군'으로 급수를 나누는데 상군인 그녀는 20미터까지 내려가 2분을 참을 수 있다고 한다. 상군이 되기까지 하루에 백여 회 이상, 70여 년 동안 바다로 들어가 숨을 참고 또 참아온 것이다.

당시 해녀란 비천하고 부끄러운 직업이었지만 지금은 해녀학교가 생기고 2018년엔 해녀를 무형문화재로 지정했다. 평생 물질만 해 온 그녀가 85세에 배우가 될 줄 누가 알았겠는가?

밤하늘이 아름다운 건 별을 담고 있어서다. 제주는 빛나는 사람들을 담고 있다. 상처를 딛고 내일을 꿈꾸는 사람들을.

잠자리가 놀다 간 골목

충남 공주시엔 '잠자리가 놀다 간 골목'이 있다. 이름을 듣는 순간, 투명한 잠자리 날개가 눈앞에 아른거렸다.

공주에 도착한 나는 도심을 흐르는 제민천을 따라 '잠자리가 놀다 간 골목'을 찾아다녔다. 근처를 뱅뱅 돌던 나는 웃고 말았다. 골목이 워낙 좁고 허름해 스치면서도 몰랐던 것.

이 골목엔 생의 달고 쓴맛을 본 집이 있었다. 50년 전 가난한 남자가 부인과 아이 셋을 데리고 골목에 나타났다. 가족과 살 행복한 집을 짓기 위해! 그러나 자재가 떨어져 3년 만에야 겨우 완성한다. 가난했지만 작은 마당이 있고 담 아래로 긴 뜰이 있는 동화 같은 집! 집은 그렇게 태어나 가족과 고락을 함께한다. 3년 만에 덧없이 죽어 나가는 가장을 보았고 홀로 된 부인의 한숨 소리를 들었으며 장성한 자식을 떠나보내며 부인과 함께 늙어갔다.

부인은 성당에서 스텔라라고 불렸다. 스텔라는 담을 따라 이어지는 좁은 뜰을 각별히 사랑했다. 뜰이 있어 겨울이 가고 봄이 오고 꽃이 피어났다. 그러나 스텔라마저 늙어 세상을 뜨자 집은 혼자 남겨져 폐가가 된다.

 사랑을 잃은 집은 병이 든다. 수년 동안 방치되자 파란 철대문은 녹을 뒤집어쓴 채 건들거렸고 담장이 무너지며 장독대를 덮쳐 깨진 항아리 조각이 마당에 뒹굴었다. 그러나 집은 기적적으로 소생된다. 첫눈에 반해 이 집과 사랑에 빠진 사람은 루치아! 그녀는 담장을 끼고 이어지는 좁은 뜰을 보는 순간 골목으로 차가 들어올 수 없다는 생각조차 못했다. 이사를 하고서야 알게 된다. 이 집이 성당 교우인 스텔라 집이었음을.

 루치아를 만난 집은 회생한다. 대한민국 공간문화대상을 받았으며 관광객이나 다도를 배우는 이들로 붐빈다. 담장 아래 긴 뜰은 '루치아의 뜰'이라는 아름다운 카페로 이어진다. 나는 카페로 들어가 차를 시켰다. 그리고 물었다. "누가 '잠자리가 놀다 간 골목'이라고 지었나요?" 루치아의 남편이 대답했다. "골목 사람들이 지었지요." 사실 여기로 흘러온 나도 찰나를 비행하는 잠자리인지도 모른다.

 밖으로 나오니 마당엔 담쟁이 모자를 뒤집어쓴 창고가 빙긋 웃고 있었다. 창고는 현자처럼 속을 비우고 시를 쓴 액자를 품고 있었다. 나는 시를 읽으며 배시시 웃었다. 나는 왠지 행복해져 잠자리처럼 팔을 벌리고 마당을 뱅글뱅글 돌다 눈부신 하늘로 날아올랐다.

생각의 길

동생 부부랑 강원도 정선에 있는 아우라지를 찾았다. 옛날에 이곳은 뱃사공과 행인들로 붐비던 뗏목터로 〈정선아리랑〉의 발생지였다. "아우라지 뱃사공아 배 좀 건네주게/ 싸리골 올 동박이 다 떨어진다/ 떨어진 동박은 낙엽에나 싸이지/ 잠시잠깐 님 그리워 나는 못 살겠네" 홍수로 불어난 강가에 서서 부르는 연인들의 노래다.

이곳엔 노래 속 처녀·총각상이 세워져 있다. 강을 사이에 두고 바라보는 애절한 모습이다. 그런데 자세히 보니 총각이 다른 데를 보고 있지 않은가! "도대체 왜 이렇게 만든 거야?" 내가 화를 내자 올케가 말했다. "형님, 걱정 마세요. 제가 고개를 돌려놓겠어요" 하더니 총각 앞으로 쪼르르 다가가 까치발을 들고 손을 내밀었다.

시인 타고르는 오랫동안 외국을 떠돌며 높은 산과 대양을 구경했다. 그러나 정작 자기 집 잔디에 빛나는 이슬은 보지 못했다고 한다. 일상의 행복을 놓친 회한이었다. 내가 총각상을 비난할 때 올케는 오히려 상황을 즐겼다. 더구나 다른 가족은 총각 고개 따위는 안중에도 없었다.

올케는 부부 사이가 아주 좋다. 동생도 올케 없이는 못 산다고 은근 자랑이다. 그러나 우리 부부는 좀 다르다. 가부장적인 환경에서 자란 남편은 무시당했다는 생각에 화를 내고 난 편협하다며 매번 똑같이 화를 낸다.

화를 남 탓으로 돌리면 상대가 바뀌어야 하지만 내 탓으로 돌리면 성숙한 감정을 선택해 관계를 개선할 수 있다는 걸 알지만 행동은 쉽지 않다.

석가모니는 생각이 곧 자신이라고 했다. 생각은 자주 가는 쪽으로 길이 난다. 그래서 똑같은 패턴이 계속된다. 잘못된 습관을 신으로 모시고 사는 경우다.

나는 왜 총각상에게도 남편에게도 화를 낼까? 나도 타고르처럼 일상의 반짝이는 행복을 놓치고 엉뚱한 곳을 헤매는 건 아닐까?

숙제를 끝낸 바다

경남 고성에서 강의를 마친 후 동양의 나폴리라 불리는 통영으로 갔다. 그러나 파도치는 바다를 상상하며 도착한 곳엔 모텔만 즐비할 뿐 파도도 모래사장도 보이지 않았다. 둘러보니 방파제 아래로 물줄기가 보였다. 그건 강이었다. 물 위엔 산 그림자가 고요했다.

여기가 바다 맞나요? 나는 모텔로 들어가 물었다. 주인은 '죽림바다'라고 했다. 나는 갑자기 피곤이 밀려왔다.

다음날 일찍 밖으로 나갔다. 여전히 강 같은 바다가 거기 있었다. 아침 햇살에 빛나는 바다는 깊이를 알 수 없었다. 나는 방파제를 따라 걸었다. 어딘가 파도치는 바다가 나올 것 같아서. 그러나 갈수록 좁아지던 바다는 급기야 산에 막혀 끝나버렸다. 바다는 여정을 마친 나그네였다.

나는 어렸을 때 손톱을 물어뜯는 아이였다. 자주 가슴이 뛰고 소화불량에 시달렸다. 나는 마음도 살 수 있다고 믿었다. 그래서 불안해지면 손바닥으로 가슴을 누르고 상상했다. 슬플 땐 달고나 같은 마음을, 어둠이 무서울 땐 별사탕 같은 마음을, 칭찬받고 싶을 땐 심부름 잘하는 마음을 사고 싶다고.

『탈무드』를 읽다 세상이 만만해진 적이 있다. "한 손을 다쳤다면 두 손을 다치지 않은 것에 감사하라. 만일 한 발을 다쳤다면 두 발을 다치지 않은 것에 감사하라. 두 손과 두 발을 다쳤다면 목이 부러지지 않은 것에 감사하라. 만일 목이 부러졌다면 염려할 것이 조금도 없다. 신이 천국에서 반갑게 맞아주실 테니까!"

유대인은 남의 나라를 떠돌며 몇 천 년을 유랑한 민족이다. 게다가 2차 세계대전 당시 히틀러에 의해 유럽인구 900만 명 중 600만 명이 학살당했다. 그러나 현재 세계 제일 부자이며 가장 많은 노벨상을 수상한 민족이다. 고통을 이기는 힘은 어디에서 올까?

죽림바다는 어떤 수난에도 평정심을 잃지 않았다. 파도를 잃어버려도, 방파제에 갇혀도, 산이 길을 막아도 유유자적한 바다! 바다는 한없이 자유로워 보였다. 숙제를 마친 것처럼.

4부

초코파이와 기타

초코파이와 기타

　나는 위로 받고 싶을 때 초코파이를 산다. 내가 초코파이 먹는 방법은 특별하다. 봉지 그대로 초코파이를 가루로 부수어 손가락으로 천천히 집어 먹는다.
　세상에서 자식 키우는 것만큼 힘든 일이 있을까? 계속 군대를 연기하며 속을 썩이던 아들이 훈련소에서 편지를 보내온 적이 있었다. 그 속에서 나온 초코파이! 그것은 부서져 가루가 되어 있었다. 나는 초코파이를 바라보았다. 힘겨운 훈련 끝에 받았을 초코파이 하나. 그걸 보낸 아들 마음도 말없이 나를 바라보았다. 수백 마디 사랑한다는 말보다 소중한 초코파이가 내게로 온 것이다.
　얼마 전 아들에게 고백했다. 아들이 보내준 초코파이가 내 생애 가장 감동적인 선물이었다고. 아들은 생각난 듯 훈련소에서 편지를 쓰라는데 뭔가 간절히 보내고 싶어 초코파이를 넣었다고 했다.
　"네게도 그런 선물이 있니?" 아들은 이미 나도 잊은 이야기를 했다. 중학교 때 일등 하면 선물 사준다는 말에 밤새워 공부해서 기타를 받은 적이 있었단다. 그때 엄마 아빠랑 백화점에서 기타를 샀을 때 처음으로 세상에서 제일 멋진 사람이 된 것 같았다고. 아들은 기타를 품에 안고 다녔단다. 당시 아이는 교회에서 피아노 반주를 했는데 교회엔 운전이나 잡일을 하는 척추장애인 아저씨가 있었단다. 아저씨의 승합차가 벽에 기대 놓은 기타를 박살 낸 건 기타 산 지 일주일 만이었다고. 아들은 주저앉아 해 질 녘까지 부서진 기타만 바라보았단다. 그리고 그날 음악의 꿈을 접었다고.

아들의 눈빛은 아련했다. "그 일이 지금도 널 슬프게 하니?" 내 말에 아들은 말했다. "기타와 함께했던 일주일이 있어 행복해요."

초코파이와 기타는 둘 다 부서져 돌아왔다. 부서져서 더 애틋하고 오랜 사랑으로 남았다. 세상에 제일 소중한 선물은 오늘이라고 한다. 그러나 오늘 속에 사랑이 깃들지 않으면 무슨 의미가 있겠는가!

Coming Home

속초엔 아바이 마을이 있다. 이 마을은 한국전쟁 때 속초로 몰려든 실향민 집단촌이다. 대부분 함경도 사람들로 고향이 가까운 속초로 온 것이다. 일주일이면 돌아가리라 믿었던 사람들! 그들은 생계를 위해 공동체 생활을 했다. 물도 없는 바닷가 모래사장에 누더기 같은 판잣집을 짓고 흘러온 세월이 70년! 일주일이 70년이 된 것이다.

그 시절엔 사이렌이 자주 울렸다고 한다. 하루가 끝나고 바닷가에 넋 놓고 앉아있던 사람이 미친 듯 북쪽으로 배를 저어가는 일이 빈번했다고. 잠시만 노를 저으면 가족을 볼 수 있는데 어찌 미치지 않겠는가.

전시실에도 사이렌 소리 들리는 사진이 있다. 검정 고무신에 허리가 드러난 삼베적삼을 입은 사람이 모래사장에 앉아있는 뒷모습! 망부석이 된 듯, 건드리면 먼지가 되어 날아오를 듯, 야윈 어깨 너머 보이는 북쪽 바다! 그의 시선이 닿은 바다는 닳고 닳아 푹 꺼져 보였다.

이건 실화다. 남편이 속초에 있다는 소문에 아내와 어린 딸이 배를 타고 내려오다 폭격을 맞았단다. 우여곡절 끝에 실명한 딸을 데리고 속초에 와 수소문 끝에 남편을 만나고 보니 다음날이 남편 결혼일이었다고.

이 마을엔 '아바이 동상'이 있다. 바람에 옷깃을 펄럭이며 지팡이를 짚고 있는 함경도 할아버지. 그는 여전히 고향으로 가고 있는 중이다.

중국 영화 '5일의 마중'도 기다림을 배경으로 한다. 중국의 마오쩌둥(毛澤東)이 주도한 극좌적 사회주의 운동으로 수백만 명이 죽었던 문화혁명 시대, 교수였던 남편이 20년 만에 돌아오지만, 아내는 기억상실증으로 그를 쫓아낸다. 그녀가 기억하는 건 5일이면 돌아온다는 남편의 약속뿐! 남편은 편지도 읽어주고 사진도 보여주지만 소용이 없자 따로 살면서 아내를 돌본다.

아내는 매달 5일이면 남편 이름을 들고 역으로 간다. 얼마나 시간이 흘렀을까. 기차역 광장엔 할머니가 된 그녀가 인력거에 앉아있고 머리 허연 남편은 자신의 이름을 들고 서 있다. 모두 돌아간 역전에 남아있는 두 사람! 눈발이 흩날리고 할머니의 주름투성이 얼굴이 클로즈업되는 순간 〈Coming Home(집으로 오고 있어요)〉 주제가가 흘러나온다. 남편은 언제까지나 돌아오고 있는 중인 것이다. 순간 그녀 얼굴에 희미한 웃음빛이 새어나온다.

속초 실향민들은 억척같은 생활력으로 경제 기반을 다졌으며 후손들은 이북 문화를 보존하여 역사적인 관광지가 되었다. 희망이 있는 한 우리의 삶은 현재 진행형인 것이다.

천하무적 진달래

　제94회 아카데미 시상식을 보다 충격에 빠졌다. 시상식 도중 폭행이 일어난 것이다. 발단은 시상식 사회를 보던 크리스 록이 윌 스미스 아내의 삭발한 머리를 보고 "지. 아이. 제인(데미 무어가 여전사로 삭발했던 영화) 후편을 기대해요."라고 농담을 던진 것. 순간 윌 스미스가 뚜벅뚜벅 걸어 나가 크리스 록의 뺨을 강하게 후려친 것이다. 크리스 록은 윌 스미스의 아내가 탈모병으로 삭발한 줄 몰라 농담했고 윌 스미스는 아픈 아내를 조롱했다며 응징한 것이다.
　맞는 순간 크리스 록은 "어? 와우! 윌 스미스가 한 방 날렸네요."라고 웃겼지만 그건 쇼가 아니었다. 윌 스미스의 고함이 장내를 강타한 것. "네 X같은 입으로 내 아내 이름 부르지 마!" 크리스 록은 당황한 듯 "오우! 친구, 그건 농담이었어."라고 해명했지만 반복되는 고함에 순순히 상황을 무마했다.
　이날 윌 스미스는 영화 〈킹 리차드〉로 남우주연상을 수상했고 가족과 춤추며 뒤풀이를 즐겼다. 수상 소감에서 아카데미와 동료들에게 사과했지만 정작 크리스 록에 대한 사과는 없었다.

공개적으로 따귀를 맞고도 웃을 수 있는 사람은 몇이나 될까? 나는 되풀이해 영상을 돌려 보았다. 크리스 록이 찡그린 건 맞는 순간뿐이었다. 그는 폭력에도 욕설에도 화내지 않았다. "티비쇼 역사상 가장 위대한 밤이었네요." 그의 마무리 멘트에 얼어붙었던 관객들은 웃었다. 코미디언 제프리 로스는 말했다. "크리스 록은 상황을 악화시키지 않고 손을 놓고 있어 노벨 평화상을 받아야 한다."

아주 오래전 일이다. 외출했다 돌아오니 놀이터 꼬마들이 우루루 몰려왔다. 아들 얼굴이 눈물로 얼룩져있었다. 자초지종은 이랬다. 아들이랑 준이랑 싸우는데 준이 엄마가 우리 아들을 때렸다는 것이다. 살펴보니 목덜미에 손자국이 선명했다. 나는 심호흡을 하고 준이 엄마를 찾아가 목덜미를 보여주었다. "이게 당신 아들 목이라면 기분이 어떨까?" 나는 들고 있던 후리지아 꽃다발을 그녀에게 건네고 돌아섰다. 나는 겨우 웃으며 농담처럼 말했던 것 같다. 그 후 아이들끼리 잘 지냈고 그녀는 내게 미안해했다. 하늘이 무너지는 일도 시간이 지나면 소소해진다.

아카데미 시상식 다음 날 윌 스미스는 크리스 록에게 공개 사과를 했고 크리스 록의 인기는 급상승, 공연 티켓 값이 10배로 치솟았다.

분노로 피해를 입은 건 윌 스미스 자신이었다. 끝까지 웃는 자가 천하무적이다. 바위틈에서도 웃는 진달래를 누가 이길 것인가!

귤

껍질은
손으로 살살 벗겨주세요

속도
미리 나눠놓았어요

난
칼이 싫거든요

월출산 통천문

산에서 굴러 피투성이가 되었다. 잠을 깨니 침대 속이었다. 이런 날은 황금 침대도 부럽지 않다. 벌떡 일어나 창문을 여니 북한산 족두리봉이 아침 햇살에 눈부시다.

나는 매일 창으로 족두리봉을 올려다본다. 족두리봉은 어떻게 생겼을까? 멀리서 보는 산은 첩첩한 속내를 보여주지 않는다. 언제까지 창문에 매달려 있을 것인가? 나는 배낭을 메고 집을 나왔다. 그러나 정상 바로 아래서 발이 얼어붙었다. 가파른 바위엔 발 디딜 곳이 없었다. 악몽이 떠올랐고 산에서 굴러떨어지는 내가 보였다. 난 후들거리며 돌아섰다. 그때 소리가 들렸다. "여기를 디디고 올라와요!" 내게 손을 내민 건 낯선 아줌마였다.

정상은 보물을 숨기고 있었다. 향로봉, 비봉, 사모바위, 승가봉 등 북한산의 최고봉들이 파노라마처럼 펼쳐졌다. 창문으로는 상상 못 한 장관이었다. 나는 아줌마에게 감사했다.

그러나 악몽이 현실이 된 건 하산길에서였다. 함께 내려오던 아줌마가 모래에 미끄러지며 바위 아래로 구른 것이다. 아찔한 순간, 그녀를 잡아준 건 바위 아래 있던 외국인 아가씨였다. 그녀는 피 나는 아주머니 손에 소독약을 발라주었다.

아줌마는 먼저 가고 나는 외국 아가씨에게 전과 막걸리를 사주었다. 그녀는 22살, 고려대에서 어학연수를 하는 독일 학생이었다. 그녀의 할머니는 한국 사람으로 독일에서 한국 식당을 한단다. 그녀의 꿈은 영화감독과 시인! 내가 시인인 걸 알고 그녀는 손뼉을 쳤다.

사람 좋아하는 산엔 길이 있다. 밧줄을 매달고 계단을 만든 길은 정상으로 이어진다. 자신을 밟고 올라온 이들을 가장 높이 세우는 산. 그런 산 정상엔 이름이 우뚝하다. 길을 내어준 산이 명산이 되는 것이다.

전라남도 월출산은 명산이다. 월출산은 통천문(通天門)을 품고 있다. 통천문이란 한 사람이 겨우 지나는 바위 굴의 틈새다. 어두컴컴한 틈새를 나오면 눈부신 길이 정상으로 이어진다.

지금 전쟁터로 달려가는 사람들이 있다. 러시아의 폭격으로 초토화된 우크라이나! 자국인은 물론, 타국인들까지도 힘을 모으고 있다. 나를 도와준 아줌마도, 아줌마를 도와준 독일 아가씨도, 전쟁터로 달려가는 사람들도 희망의 틈새를 열어주는 '사람 통천문'인 것이다.

다시 그녀를 만나다

해 저문 산길을 혼자 내려오고 있었다. 산 그림자가 짐승 소리를 내며 조여 오고 내 발소리마저 오싹해질 때 두둥실 떠올라 길을 환히 밝혀주던 달빛! 숙소까지 나를 데려다준 달빛에선 향기가 나는 듯했다. 그 기억으로 나는 경상북도 문경을 좋아하게 되었다.

내가 다시 문경을 찾은 건 지난주였다. 달빛 추억이 있는 문경에 내리자 고향에 온 듯 포근했다. 이번 여행은 은성 갱도를 보기 위해서였다. 세상에서 가장 어두운 막장을 보려고.

은성 갱도는 일제 때부터 30년 동안 4,300명의 광부가 목숨 걸고 일하던 삶의 현장이다. 암흑 속에서 그들이 파 내려간 깊이는 400킬로! 갱도 속에서 카나리아 새장을 보았다. 카나리아는 유독가스 유출을 빠르게 알려주어 광부들에겐 산소 같은 존재라고 한다.

카나리아를 닮은 여인이 있다. 그녀를 우연히 다시 본 건 유튜브에서였다. 여전히 남루한 차림으로 거리에서 노래 부르는 그녀! 그녀를 처음 만난 건 서울 몽마르트르공원에서였다. 해 질 녘 공원 벤치에 앉아 샹송을 부르던 여인! 집시 같은 옷차림에 창백한 얼굴, 나뭇가지에 써 붙인 '모란 카페'를 나는 잊을 수 없었다.

공원에서 사라진 지 7년 만에 보는 그녀는 경이로웠다. 〈코리아 갓 탤런트〉와 〈아시아 갓 탤런트〉에 도전해 심사위원의 극찬을 받은 영상도 있었다. 긴장한 탓에 가사를 잊어버려 결승은 놓쳤지만, 그녀는 의미 있는 말을 남긴다. "인생이 다행인 것은 그토록 좋아하는 노래를 연습할 시간이 아직은 남아있고 어제보다 나아질 수 있기 때문이다."

그녀는 부산 남포동에서 '샹송 버스커 한복희'로 알려져 있었다. 눈비가 와도 한쪽 눈을 실명해도 길에 서 있던 그녀! 이제 그녀는 보이지 않는다. 그녀가 올리던 유튜브 영상도 일 년 전에 끝났다. 그녀가 남긴 말이다. "공연장 갈 여유도 없는 이들을 위해 노래하다 보면 어느 샌가 몇몇 분이 몰입해 듣고 있지요. 나로 인해 누군가 위로받는 것처럼 의미 있고 행복한 순간은 없어요." 하루가 저물어 장비를 챙기면서 나는 설레요. "오늘 노래 괜찮았다. 그지? 오늘도 참 괜찮았어!"

그녀는 막장 같은 인생에서 희망을 노래한 카나리아였다. 나는 그녀가 부른 샹송, 〈후회하지 않아〉를 들으며 중얼거린다. "오늘 잘 살았다. 그지? 오늘도 참 좋았어!"

보물이 된 사람

서울 성북동의 명소 간송미술관을 다녀왔다. 7년 만에 열린 전시회〈보화수보(寶華修補)〉를 관람하기 위해서였다.

신사임당의 '포도'와 김홍도의 '낭원투도', 장승업의 '송하녹선' 등 32점이 선을 보였는데 그 중 심사정의 '삼일포'는 잔영이 오래 남았다. 푸르스름한 저녁, 꿈결처럼 내리는 하얀 눈송이! 그런데 눈송이는 벌레 먹은 흔적이라고 했다. 세월의 상처가 아름다워 '삼일포'는 '눈 내리는 삼일포'로 불린다.

간송미술관은 우리나라 최초 사립 미술관으로 건물 자체가 문화재지만 칠이 벗겨지고 금이 가 80년 세월을 절감하게 했다. 일 년에 두 번 무료 전시가 열릴 때면 두근거리는 줄이 끝도 없이 이어지던 곳. 그동안 재정이 어려워 방치되었지만 수리에 들어간다니 다행이다.

미술관에 가면 낡고 오래된 것들이 왜 보물인지 알게 된다. 추사 김정희의 예서는 그림보다 황홀하고 김홍도, 신윤복의 풍속화는 우리의 것에 긍지를 갖게 하고 겸재 정선의 산수화는 중국 산수화와는 또 다른 겸손과 강인함을 가르쳐 준다. 보물은 스승이다. 우리를 각성시켜주니까.

국보 12점, 보물 10점을 포함, 불상, 도자, 서화 등 방대한 규모의 유물을 모아 우리나라 미술사 연구의 산실이 되게 한 분은 누구일까?

그는 간송 전형필이다. 전형필은 서울 갑부집 아들이었다. 기와집이 천 원이던 시절 열 채 값을 주고 도자기 한 점을 사는가 하면 오천 원짜리 너덜너덜한 그림을 육천 원을 들여 손질하기도 한다. 마지막 남은 논 일만 마지기를 팔아 일본으로 건너간 그는 영국인이 소장했던 청자 등 도자기 20점을 40만 원을 주고 사들인다. 지금 돈으로 환산하면 480억!

한글 말살 정책이 한창이던 일제강점기, 『훈민정음해례본』을 구입한 그는 어디를 가나 품고 다녔으며 베갯속에 넣고 잤다고 한다. 기와집 열 채 값인 천 원을 요구하자 당치않다며 만 원을 주었다는 그! 그가 없었다면 한글의 우수성은 세계적으로 인정받지 못했을 것이다. 그가 지켜낸 『훈민정음해례본』에만 한글 창제 원리가 적혀 있기에!

6·25 때 북한군에게 보물을 뺏길 뻔한 그는 1·4 후퇴 땐 기차에 싣고 가며 독립운동하듯 문화유산을 지켜냈다. 호랑이에게 물려가도 정신만 차리면 된다고 한다. 나라는 빼앗겨도 민족정신을 지켜낸 그가 있어 우리는 대대손손 자긍심을 갖게 되었다.

그는 문화유산을 후대에 물려주었다. 그는 갔지만 그의 삶은 우리를 각성시킨다. 그가 지켜낸 보물처럼.

공예박물관에서 실눈을 뜨다

　삶 속엔 빛이 숨겨져 있다. 그러나 어둠에 익숙한 사람은 광명천지를 믿지 않는다. 그러다 실눈을 뜨고 세상을 보면 어떨까? 그런 날이 내게 있었다.

　인사동에서 친구를 만나 서울공예박물관에 들렀다. 그곳엔 옛 여인들의 자수와 보자기가 전시돼 있었다. 나는 자수엔 통 관심이 없었다. 고리타분하고 비효용적이란 생각에서다. 자투리 천을 이어 수를 놓아 밥상보를 만든다는 건 생각만으로 머리가 지끈거린다. 특히 수 놓은 병풍을 보면 기가 질려 중얼거린다. 수놓다 죽고 말겠다고.

　나는 공들이는 일을 싫어한다. 콩나물 꼬리를 다듬거나 멸치 머리 따는 건 질색이고 반복되는 설거지도 마지못해 한다. 집안일에 시간을 투자하느니 다른 걸 배우려고 기웃거린다. 나는 그것이 발전이라 믿었다. 발전의 잣대는 돈이 되느냐 안 되느냐다. 그래서 남편에게 살림하며 두 아이 키우는 걸 돈으로 환산하면 얼마인지 아느냐고 따지기도 했다.

　전시회를 둘러보다 '보자기 할배'라 불리는 허동화 선생의 글을 읽었다. "이렇게 예쁜데, 너무 예뻐서 깜짝 놀랄 정도인데 왜 사람들이 모를까? 나는 이렇게 얘기하지. 보자기가 나를 찾아왔다고, 보자기가 나한테 오고 싶었던 거라고."

이건 또 무슨 말인가? 보자기가 오다니! 금덩어리도 아닌 보자기가 이토록 선생을 설레게 하다니! 선생에겐 그리도 예쁜 것이 왜 내겐 보잘 것없는 걸까? 나는 뭔가 손해 보는 느낌이 들었다.

선생의 동영상을 찾아보다 아기 신을 보았다. 색색의 실로 촘촘하게 수놓아진 꽃신! 흙탕물이라도 밟으면 그걸로 끝이고 금세 발이 자랄 텐데 아기 엄마는 며칠이고 밤새워 수를 놓은 것이다. 다시 보니 그건 노동이 아닌, 간절한 사랑의 기도였다.

선생은 술, 담배, 커피도 끊고 평생 사들인 자수와 보자기 5,000여 점을 박물관에 기증했다. 그는 92세로 장수했다. 장수의 비결은 일을 즐기는 것! 그가 일을 노동으로 생각했다면 그토록 애지중지하던 것들을 내놓을 수 없었을 것이다.

나는 요즘 일을 즐겁게 하려고 한다. 움직이면 내가 좋고 가족들 건강해지니 좋은 일 아닌가! 천천히 멸치 똥을 빼내고 콩나물 꼬리를 다듬고 공들여 물때 묻은 유리컵을 닦는다. 시간과 공을 들이면 사랑을 배우게 된다. 그것이 진정한 발전이다.

내 인생 자랑스러운 일

내겐 별난 친구가 있다. 젊어서 백발을 하고 내가 늙기 싫을 때 노인 되길 바라고 내가 청바지 입을 때 한복을 입고 다녔다. 친구들보다 십 년은 늙어 보여도 당차기만 한 그녀. 그래서 물었다. 전생에 나라를 구했느냐고. 돈 잘 버는 남편에다 아들은 S대 대학원 연구생이며 딸은 회계사가 되었으니 비결이 뭐냐고?

"내가 행복해야 가족도 행복한 거야." 그녀는 가족에게 선포했단다. "엄마는 시골에 집 짓고 혼자 살 것이며 시인이 될 것이다." 그녀는 아들이 대학생이 되어 방을 얻어도 가지 않았고 엄마라 부르지 마라고도 했단다. 자립하라고. 아들이 고3일 때 그녀는 땅을 보러 다녔다. 보통 주부들에겐 어림없는 일이었지만 그녀는 귀농사이트를 뒤지고 발품을 팔더니 어느샌가 시골에 집을 짓고 일주일의 절반은 거기서 살기 시작했다.

깊은 산속에 있는 그녀의 집. 처음엔 말도 많았다. 암에 걸렸다는 둥, 이혼녀라는 둥. 그러나 그녀는 신경 쓰지 않는다.

연말을 맞아 그녀가 우리를 초대했다. 기차표를 끊고 전화했더니 당연하게 말했다. "야, 먹을 거 가지고 와. 집에 먹을 게 없어. 그리고 주방 세제가 떨어졌으니 사와." 삼겹살을 구워 먹으며 내가 물었다. "넌 친구가 오는데 먹을 걸 사 오라냐?" 그녀는 명쾌했다. "난 나를 위해 살아. 누가 온다고 나만 힘든 건 싫어. 부담되는 일은 재미없거든."

사람은 누군가를 위해 살아야 한다. 그래서 내겐 아들 둘이 최고의 자랑이었다. 그러나 그녀는 자신이 지은 집과 시인이 된 자신이 자랑이라고. 그리고 아이들도 그렇게 살길 바란다고.

밤이 되자 아들 전화에 이어 딸도 깨소금 안부를 물어왔다. 나는 내가 먼저 안부를 묻는데 반대였다. 자신의 행복이 우선인 그녀가 눈부신 순간이었다.

그녀와 뒷산에 나무를 하러 갔다. 그녀는 죽은 나뭇가지를 자루에 넣어 꽁꽁 묶더니 산에서 데굴데굴 굴리며 내려왔다. 지고 갈 짐을 발로 차서 굴리는 그녀! 사람에 따라 짐의 무게는 농담처럼 가벼워진다. 나무는 재가 되어 사라진다. 나도 언젠가 그렇게 사라질 것이다. 그렇다면 무거운 짐까지 짊어질 건 무언가?

설이면 동생들 부부가 온다. 나는 상상하며 헤벌쭉 웃었다. "야, 집에 먹을 게 없다. 전이랑 잡채랑 해 와!"

뒷모습,
가깝고도 먼 타인

서울 살던 친구가 시골로 이사를 갔다. 친구와 함께 용문역에서 30분을 더 달려 그녀의 집에 도착했다. 마당의 잔디 위에도 나무와 황토로 지어진 거실에도 살가운 햇살이 깊숙이 들어와 있었다.

나는 병든 강아지처럼 거실 바닥에 엎드려 햇볕을 쬐었다. 쨍한 겨울 햇볕은 쌀가마니처럼 욕심이 났다. 거실 밖은 멀리까지 눈이 시원했다.

멀리서 연기가 피어오르고 개 짖는 소리가 들렸다. 우린 점심을 먹고 산책하러 갔다. 산줄기가 동네를 안고 있어 어디로 들든 산의 품속이었다. 산길은 낙엽에 덮여 푹신했고 바닥엔 도토리가 지천이었으며 공기는 달고 뼛속까지 싸했다.

친구는 실로 부자였다. 햇볕이나 공기가 돈이라면 그것들을 물 쓰듯이 쓰며 살고 있지 않은가! 상념에 젖어 앞서가는 두 친구를 바라보다 웃고 말았다. 약속이나 한 듯 나란히 뒷짐을 지고 가는 게 아닌가!

얼굴이야 성형으로 꾸밀 수 있지만, 뒷모습엔 거짓이 없다. 내가 사진을 찍어도 낄낄거려도 무심한 뒷모습! 그 모습을 따라가다 한 남자를 떠올렸다.

산정호수 쪽에 요양원 하는 오빠가 있어 그곳에 아버지를 모셨을 때였다. 엄마와 같이 갔는데, 아버지는 엄마를 보자 얼굴을 붉히며 앉은 자리에서 절을 하셨다. 그리고는 어색한지 자꾸 내게 눈짓을 했다. 아버지는 곤란하다는 듯 귓속말을 했다.

"금래야, 저렇게 늙은 걸 데려오면 어쩌냐?" 아버지와 나는 예전부터 농담을 잘했다. 그래서인지 아버지는 내 이름만 기억했다. 그때 마침 언니가 방으로 들어왔다. 그래서 물었다.

"아버지, 저렇게 예쁜 색시 데려다줄까?" 아버지는 아이처럼 고개를 끄덕였다. 그러더니 옷매무새를 다듬고 엄마에게 종이와 펜을 내밀며 정중히 말했다. "주소나 적어놓고 가시지요. 다음에 연락드리겠습니다." 나는 키득거렸지만 그 표정을 잊을 수 없다. 체면도, 나이도, 아버지라는 이름도 벗어버린 한 남자의 뒷모습. 지금도 아버지를 생각하면 입가에 웃음이 번진다. 돌아오는 길, 친구들 사진을 들여다보다 궁금해졌다. 가깝고도 먼 내 뒷모습이!

수표교에서 만난 사랑

장충단 공원에는 수표교가 있다. 청계천에 놓여있던 아름다운 돌다리! 복개 공사 때 공원으로 옮겨 왔지만 이젠 늙어 청계천으로 돌아가기 어렵다고 한다. 세상은 급속도로 변해가지만 예나 지금이나 다리에선 사랑이 피고 진다.

숙종과 장희빈의 사랑도 이 다리에서 시작되었다. 당시 왕들의 영정을 모신 영희전(永禧殿)에 참배를 하고 돌아오던 숙종이 장희빈을 보고 첫눈에 반한 것. 그러나 질투로 왕의 얼굴에 손톱자국을 낸 장희빈은 결국 사약을 받게 된다. 그들은 흘러갔지만 그들의 사랑은 다리 위에 남아있다.

영화 〈퐁네프의 연인들〉에 등장하는 다리도 인상적이다. 실명의 위기로 집을 나온 여대생 화가가 노숙자인 절름발이 청년을 만나 뽕네프 다리에서 살아간다. 술을 마시고 춤을 추고 바닷가를 알몸으로 달리며 사랑을 나누는 그들. 그러던 어느 날 그녀의 부모는 신약을 개발했으니 돌아오라는 포스터를 사방에 붙인다. 청년은 포스터를 불태우고 방화범이 된다. 청년의 소망은 여자의 실명이었다. 결국 그녀가 돌아가자 청년은 권총으로 자신의 손을 쏜다. "아무도 내게 잊는 법을 가르쳐 줄 수는 없어!"

3년 후 청년이 감옥에서 나오던 날 둘은 다리에서 만난다. 그날 청년은 여자를 안고 눈 내리는 세느강으로 뛰어든다. 지나는 배에 구조되었을 때 그녀는 모든 걸 포기하고 그와 함께 떠난다. 아름다운 그녀와 절름발이 거지의 사랑에 세계인은 열광했다.

충남 보령시 호도 섬엔 어부 할아버지와 귀먹은 할머니가 운영하는 민박집이 있다. 한 번은 휴가를 가 여럿이 평상에서 밥을 먹고 있는데 갑자기 할머니가 할아버지 뒤통수를 탁! 내려치는 게 아닌가. 손톱자국을 낸 장희빈은 사약을 받았지만 할아버지는 싱긋 웃더니 숟가락을 주워 식사를 했다.

사랑의 높은 경지는 바보가 되는 것. 오른쪽 뺨을 때리면 왼쪽 뺨을 내미는 것. 할아버지는 젊었을 적 바람깨나 피웠다고 한다. 할머니는 술집에 있는 할아버지를 끌고 오기 일쑤. 인고의 다리를 건너며 바보가 되는 사랑도 있다.

우리가 떠나올 때 할아버지는 두 팔로 머리 위에 하트를 만들고 부두에 서있었다. 나이도, 남의 이목에서도 벗어난 자유로움! 할아버지 속엔 무엇이 있을까? 어쩌면 다 비워 가득한지도 모르겠다.

길

길이
휘어집니다

산을 안고
휘어집니다

강을 안고
휘어집니다

기찻길을 안고
휘어집니다

휘어지며
휘어지며

멀리 갑니다

생각의 길이

동아리 모임 장소인 카페가 연휴라 문을 닫는다는 연락이 왔다. 그래서 소풍 겸 남산 한옥마을로 가기로 했다. 나는 근처 사는 언니에게 전화했다. 한옥마을 가려면 4호선 몇 번 출구로 나가느냐고.

언니와는 어쩌다 문자나 하는 사이였다. 그런데도 언니는 무슨 모임이냐 몇 명이냐를 묻더니 토요일이라 자리를 잡아 놓겠다고 했다. 우리가 도착하니 언니는 미리 와 정자를 잡아놓고 있었다. 신문지를 바닥에 깔고 그 위에 딸기잼과 치즈 넣은 토스트랑 우유도 한 잔씩 따라 놓았다. 따끈한 커피까지 끓여왔다. 언니는 우리가 도착하자 인사를 하고 돌아갔다. 난 당황했다. 일행도 놀란 모양이었다. 저런 분이 있어 세상이 따뜻하다며 맛나게 토스트를 먹었다.

나 같으면 출구만 알려주었을 텐데 언니 생각은 한없이 길었다. 지하철에서 정자로, 정자에서 신문지로, 신문지에서 토스트로, 토스트에서 우유와 커피로 이어졌으니.

우리 집 길 건너 서울숲엔 탁자가 많이 놓여있다. 넓은 정원에 막 태어난 연한 햇살과 바람을 맞으며 탁자에 앉아 아침을 먹으면 얼마나 좋을까? 그러나 꿈은 7년이 되도록 이루어지지 않았다. 남편은 심드렁했고, 아이들은 잠에 빠져 머나먼 이야기가 되었다.

이 이야기를 언니에게 하고 잊어버렸는데 어느 날 언니에게서 문자가 왔다. 아침 8시인데 서울숲으로 오라는 것이다. 나는 영문도 모른 채 그곳으로 갔다. 언니는 토스트를 접시에 담아놓고 있었다. 토스트는 미지의 세계로 떠나온 돛단배 같았다. 내 접시엔 노란 꽃까지 놓아두었다. 우리는 나란히 앉아 토스트를 먹었다. 잔디 위로 새가 날고 햇볕에선 꽃향기가 났다.

토스트를 만들며 기뻤다는 그녀. 그녀의 길고 따뜻한 생각을 따라 서울숲으로 온 토스트는 생애 잊지 못할 만찬이었다.

세상에 공짜는 있다

옛날에 어떤 왕이 현자들에게 최상의 지혜가 무엇인지 물었다. 현자들은 12권의 책을 써서 바치는 것으로 답했다. 왕은 줄이고 줄이게 하다 한 줄로 줄이라고 명했다. 그것이 '세상에 공짜는 없다'이다.

이는 내 신념이 되었다. 나부터 본능적으로 이해타산을 했고 달면 삼키고 쓰면 뱉고 싶었다. 〈인생은 나에게 술 한 잔 사주지 않았다〉라는 노래도 있지 않은가. 공짜는 없는 게 백번 맞다. 그런 내 신념이 와르르 무너지는 순간이 있었다.

친구와 춘천행 기차를 타고 막연히 내린 곳이 가평이었다. 날씨는 화창했고 식당은 붐볐다. 우리는 막국수를 먹은 후 시외버스터미널 근처를 배회하다 공원을 발견했다. 공원엔 적막이 흐르고 있었다. 참전비를 보니 6.25 때 '가평 전투'에서 전사한 청춘들을 기리는 공원이었다. 호주, 캐나다, 뉴질랜드, 영국의 전사자는 총 2,000여 명! 전쟁을 겪지 않은 나는 당혹스러웠다.

그들의 죽음은 누구를 위한 것인가? 그들에게도 부모와 사랑하는 사람이 있었을 것이다. 세상을 준다 해도 돌이킬 수 없는 게 목숨이다. 전쟁 당시 우리의 국민소득은 70달러 정도로 지상에서 가장 비참한 나라였다. 그들은 이름도 모르는 나라로 달려와 새파란 목숨을 바쳤다.

영화 〈아일라〉는 실화다. 한국전쟁 때 튀르키예(터키) 군인이 죽어가는 5살 고아를 부대로 데려와 친딸처럼 키운다. 아이 이름은 둥근 달을 의미하는 아일라! 그녀의 곁엔 언제나 튀르키예 아빠가 있었다. 그렇게 일 년 반이 지나 튀르키예로 귀국하던 날, 출국장 직원이 열어젖힌 아빠 트렁크 속엔 아일라가 들어있었다. 25살 청년 아빠는 딸을 끌어안고 맹세한다. "아빠가 꼭 널 찾을 거야!"

그러나 그들은 60년 후에야 만난다. 외국 노인 품에 안겨 통곡하는 아일라, 그녀도 이미 노인이었다. 인천에서 청소를 하며 산다는 그녀는 눈이 파란 아빠랑 살던 때가 가장 행복했단다. 전쟁고아에게 튀르키예 아빠가 준 것은 혼자가 아니라는 믿음이었다. 그 힘으로 그녀는 파란만장한 생애를 견뎌왔다. 튀르키예 아빠는 아일라를 위해 기도하다 작년에 생을 마쳤다.

한국전쟁에 참여한 외국은 17개국. 사망자와 실종자를 합치면 이십만이 넘는다고 한다. 우리는 공짜로 받은 무한한 은혜로 살아가고 있다.

한 식구가 되었어요

길에 떨어진 은행잎
집으로 데려와
책 속에 넣어주었어요

"나도 나무였단다"
책이 낙엽을 꼭 품어 안았어요

세상에서 가장 맛난
통닭집 사장님

　창밖으로 눈발이 날리는 정초였다. 초인종 소리에 나갔더니 혁이가 서있었다. 대학을 졸업한 훤칠한 키의 청년이 되어 있었다. 정초라 인사하러 왔다고 했다. 놀란 내 손에 혁이는 선물을 쥐어주었다. 이게 뭐냐고 묻자 통닭이라고 했다.

　나는 혁이를 찾아 눈이 푹푹 빠지는 산동네를 헤맨 적이 있다. 초등학교 입학 때부터 혁이는 우리 아이의 단짝이었다. 혁이는 머리가 비상해 공부는 잘했지만 아빠는 알콜 중독자였고 엄마는 집을 나간 가엾은 아이였다. 하루는 혁이가 이틀이나 결석했다는 말에 혹시 아픈가 해서 혁이 집에 간 적이 있었다.

　혁이는 집에 없었다. 아빠는 술에 취해 코를 골고 있었다. 나는 아이를 찾으러 눈 속을 헤매다녔다. 이미 해는 지고 어두워졌던 터라 동네 교회로 들어가 보았다. 아이는 구석에 짐승처럼 웅크리고 있었다.

　혁이 손버릇이 나쁘다는 소문이 학부모들 사이에 돌았다. 어느 날 혁이가 우리 아이 돼지 저금통을 등 뒤로 숨기는 걸 보았다. 나는 못 본

체 밖으로 나왔다. 그리고 똑같은 저금통을 그 자리에 가져다 놓았다.

얼마 후 우리 집에 놀러 온 혁이에게 물었다. "혁아, 넌 커서 뭐가 되고 싶어?" 혁이는 한참 생각하더니 통닭집 사장이라고 했다. 나는 색종이를 꺼내 쓰다듬은 후 말했다. "이건 색종이가 아니고 꿈종이야. 네가 원하는 걸 적으면 이루어질 거야." 혁이는 연필로 꾹꾹 눌러 썼다. '통닭집 사장'이라고. 나는 사장 옆에 '님'자를 썼다. 그리고 봉투에 넣어 혁이에게 주었다.

얼마 후 혁이는 이사를 갔고 많은 시간이 흘렀다. 우리 아이를 통해 혁이가 검정고시로 대학에 들어갔다는 소식은 들었지만 잊고 살았다. 그런데 혁이가 뜻밖에 나를 찾아온 것이다. 그것도 꿈종이에 썼던 통닭집 사장님이 되어.

단춧구멍 같은 눈으로 혁이는 웃었다. 아버지는 돌아가시고 외할머니와 산다고 했다. 대학 졸업하고 시장에 작은 통닭집을 냈다고. 나는 그렇게 맛있는 통닭을 먹어 본 적이 없다.

내가 나에게 자주 들려주는 말이 있다. "남을 돕는 것이 나를 돕는 것이며 그것이 600만 년 생존 전략이다."

당신을 향한
좋아요 그리고 구독

초판 1쇄 발행 | 2022년 11월 1일

지 은 이 | 김금래
펴 낸 이 | 유정이
펴 낸 곳 | 도서출판 이우
홍보마케팅 | 이용길 정이우 최상규
주   소 | 17975 경기도 평택시 팽성읍 근내길 107
전   화 | 031-691-6932, 010-3111-4397
전자우편 | poettree@hanmail.net

ISBN 979-11-975879-2-4

값 18,000원

* 이 도서는 한국출판문화산업진흥원의 '2022년 중소출판사 출판콘텐츠 창작 지원 사업'의 일환으로 국민체육진흥기금을 지원받아 제작되었습니다.
* 이 책의 판권은 지은이와 도서출판 이우에 있으며, 무단 전재를 금합니다.
* 잘못된 책은 교환해 드립니다.